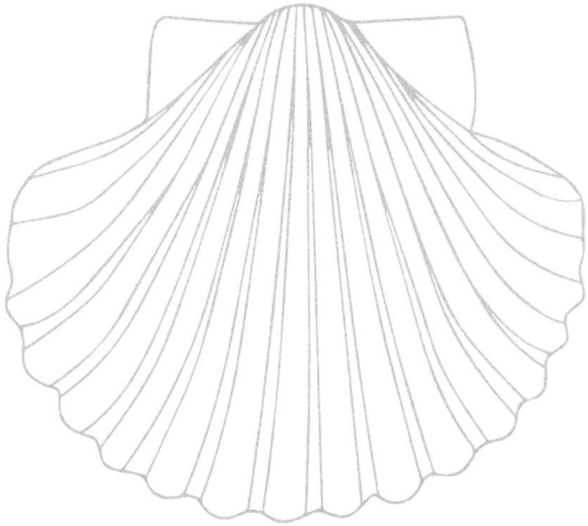

IMPRESSUM

Verlag: BoD · Books on Demand GmbH, In de Tarpen 42,
22848 Norderstedt, bod@bod.de
Druck: Libri Plureos GmbH, Friedensallee 273, 22763 Hamburg

Auflage II: 17.01.2025

ISBN: 978-3-7597-9701-8

Autor u. Fotos:

Dr. med. Thomas Schmidt, Bocholt, 2024

Buch-Layout, Satz u. Druckdaten:

Klaus Berghorn, www.AaWerbung.de

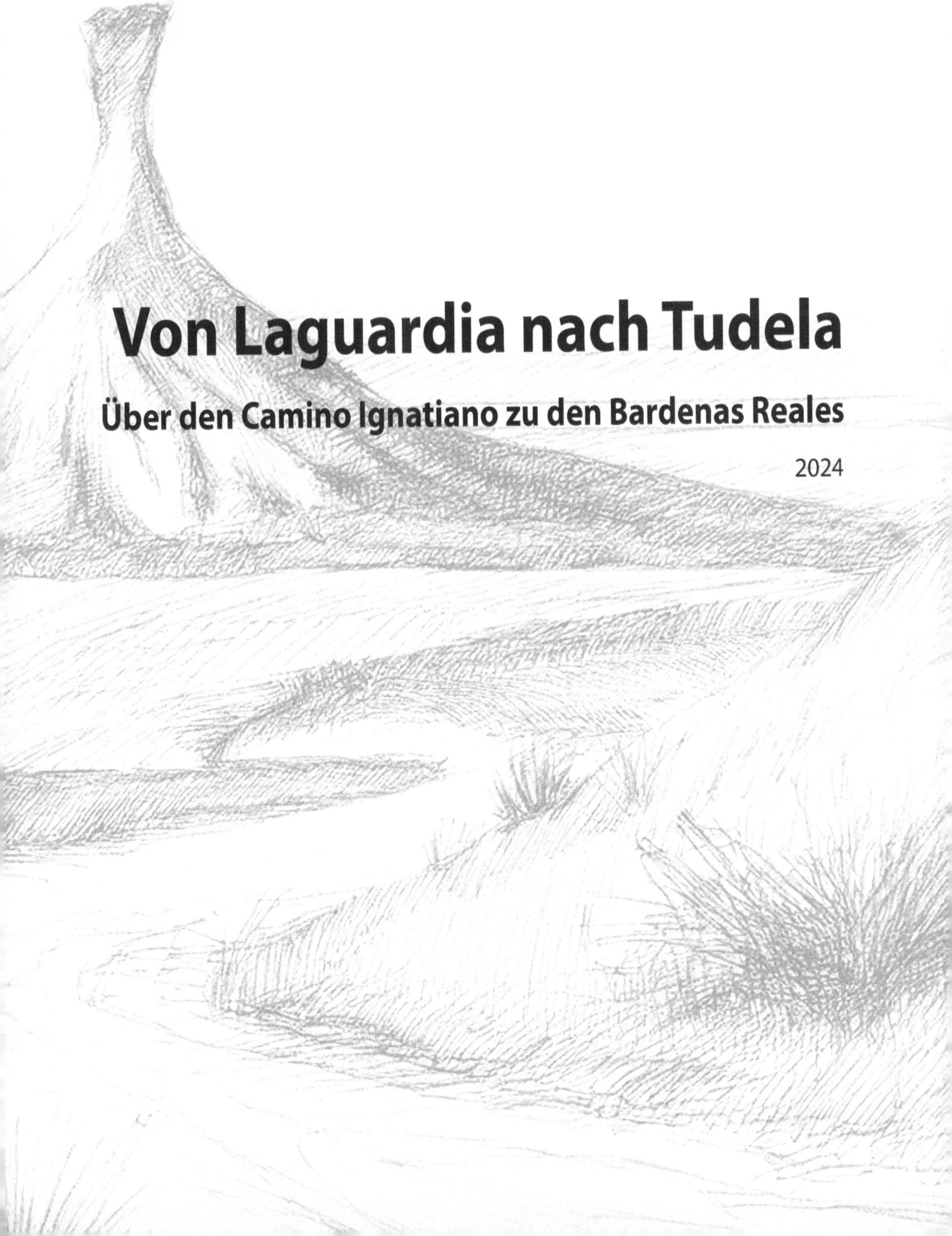

Von Laguardia nach Tudela

Über den Camino Ignatiano zu den Bardenas Reales

2024

INHALTSVERZEICHNIS

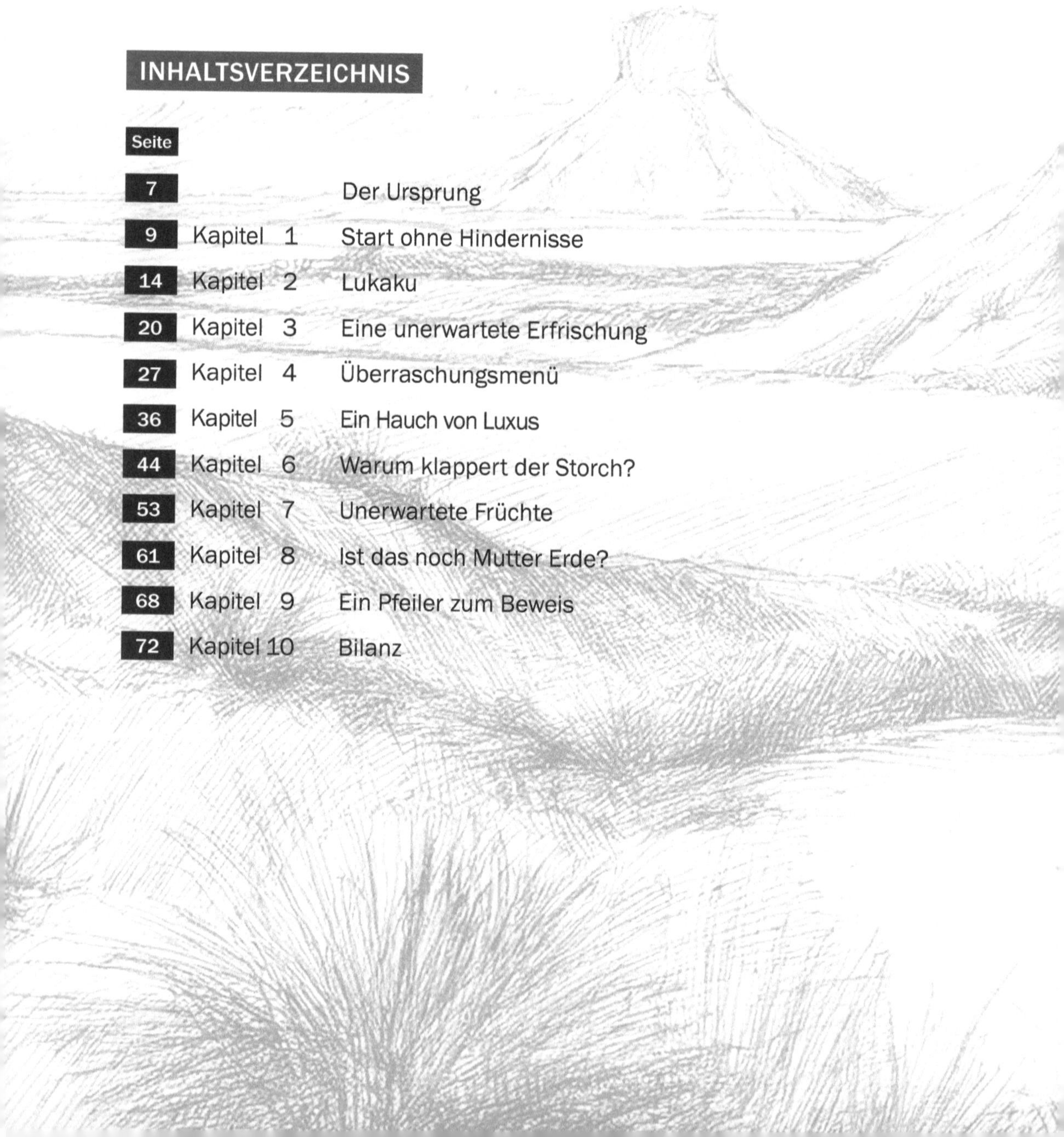

Die gefährlichste Weltanschauung ist die Weltanschauung derer,

die die Welt nicht angeschaut haben.

\- Alexander von Humboldt -

Golf von Biscaya
FRANKREICH
Narbonne
BASKEN-
LAND
Bilbao
San Sebastián
Loyola
Zumarraga
Arantzazu
Vitoria
Araia
Alda
Ebro
Pamplona
NAVARRA
Pyrenäen
ANDORRA
Andorra
Laguardia
Genevilla
Logroño
Navarrete
Alcanadre
Calahorra
LA
RIOJA
Alfaro
Tudela
Gállego
Huesca
ARAGÓN
Cinca
KATALONIEN
Gerona
Gallur
Ebro
Alagón
Saragossa
Fuentes de Ebro
Venta de
Santa Lucía
Bujaraloz
Candasnos
Fraga
Lleida
El Palau
d'Anglesola
Tàrrega
Cervera
Verdú
Igualada
Manresa
Mittelmeer
Barcelona
Kloster Montserrat
Tarragona
SPANIEN
N
0
50 k

Der Ursprung

Das Ziel ist die Wüste. Vor einigen Jahren sah ich Bilder von ihr im Internet. Immer wieder versetzt mich die landschaftliche Vielfalt der iberischen Halbinsel in kleinkindliches Erstaunen. Die Faszination war groß: „Da will ich hin!" Andererseits gab es noch so viel zu tun. Der Camino Primitivo musste beendet werden, der Camino del Norte sollte eine Fortsetzung finden und vom beruflichen Ruhestand bin ich noch weit entfernt. Zum Glück! Die Neugierde blieb. Der Name der Wüste: Bardenas Reales.

Beim Betrachten der bizarren Felsstrukturen kam mir der Verdacht, dass ich sie irgendwo bereits gesehen hatte...

Wie aber konnte ich das Ziel geschickt mit einem Camino verbinden?

Ausgangspunkt für die Bardenas Reales ist der Ort Tudela in Navarra. Dass die Stadt mit einem Jakobsweg in Berührung kommt, ist mir erst später während des Laufens bewusst geworden. Stattdessen fiel mir ein Zeitungsartikel mit einer bemerkenswerten Überschrift in die Hände. Titel: "Ist Ihnen der Jakobsweg zu voll? Entspannt Pilgern gegen den Strom. Auf dem Ignatiusweg durchs nordöstliche Spanien."

Die Beschreibung „gegen den Strom" passte in doppeltem Sinn. Zum einen würde man sich auf dem Camino Ignatiano den Menschenmassen des Camino Francés entziehen. Zum anderen gäbe es eine Etappe von Navarrete nach Logroño, auf der man genau in die entgegengesetzte Richtung des französischen Jakobsweges pilgern würde. Erst im Jahre 2011 wurde der Camino Ignatiano von der spanischen Regierung geschaffen und mit roten Pfeilen gekennzeichnet.

Der Entschluss stand, und die Vorbereitungen konnten beginnen. Obwohl der Ignatiusweg bisher alles andere als populär ist, gibt es zumindest einen umfassenden Reiseführer von José Luis Iriberri und Chris Lowney, in dem die einzelnen Etappen beschrieben werden. So ließ sich eine passende Strecke für die geplante Zeit zusammenstellen. Wir einigten uns darauf, dass ein Tagespensum von 25 Kilometern bei der zu erwartenden Hitze im Hochsommer möglichst nicht überschritten werden sollte. Das Ziel, Tudela, stand fest. Den Start verlegten wir schließlich nach Laguardia im südlichen Baskenland, knapp 150 Kilometer von unserem Ziel entfernt.

Mit der Geschichte der Jakobswege habe ich mich über Jahre beschäftigt. Der Ignatiusweg jedoch ist Neuland. Wer war denn nun überhaupt dieser Heilige Ignatius von Loyola, der Namensgeber des Camino Ignatiano?

Ignatius wurde 1491 als Spross eines baskischen Adelsgeschlechts 44 Kilometer südwestlich von San Sebastián in Azpeitia im Königreich Navarra geboren. Er war das 13. Kind seiner Mutter, die bei seiner Geburt verstarb. Mit Anfang zwanzig schloss er sich dem Militär an. In der Schlacht von Pamplona 1521, in der er im Heer von Karl V gegen die französischen Truppen von Franz I kämpfte, traf ihn eine Kanonenkugel am Bein, die ihn auf das Krankenlager zwang. Statt sich mit militärischer Literatur zu beschäftigen, soll er mehr biblische Texte gelesen haben.

Mit dieser Wende in seinem Leben beschloss Ignatius nach Jerusalem zu pilgern. Der Weg sollte ihn von Loyola nach Barcelona und von dort aus nach Palästina führen. Die Pest, die auf verheerende Weise in Barcelona wütete, verhinderte die geplante Weiterreise und führte dazu, dass sein Weg zunächst in Manresa, der letzten Station des Camino Ignatiano, endete. Die Pilgerreise trat Ignatius 1522 an, also fünf Jahre nach der Reformation durch Luther. Es ist nicht davon auszugehen, dass die Reformation ein Grund für die Pilgereise Ignatius war. Die Auswirkungen der Reformationsbewegung waren in Spanien wegen der strengen Überwachung durch die Inquisition eher geringfügig. Andererseits bildete später, als die katholische Kirche auf die Herausforderung der Reformatoren reagierte, die jesuitische Gemeinschaft die vorderste Frontlinie.

Ignatius studierte in Barcelona, Salamanca und Paris Theologie und Philosophie. Sein Schaffen war geprägt durch die Ausarbeitung von Exerzitien, also spirituellen Übungen, die der Meditation dienten. Der offiziellen Kirche war das Agieren von Ignatius häufig mehr suspekt als willkommen, sodass er mehrmals Befragungen und Bestrafungen der Inquisition ausgesetzt war. In Paris gründete er mit einigen Gefährten 1540 die Società Jesu, deren erster Vorsitzender Ignatius selbst wurde. Geprägt ist die „Gemeinschaft Jesu“ durch eine straffe Hierarchie, angelehnt an militärische Rangfolgen und eine bedingungslose Gefolgschaft des Papstes. Wenn man so will, hat Ignatius seine militärische Vergangenheit und Prägung nie richtig abgelegt. Das Ziel der Jesuiten als intellektuelle Sperrspitze der Katholiken ist es, die christliche Lehre in die Gesellschaft zu transponieren. Ein Habit, also das Tragen einer Ordenstracht, lehnen sie ebenso ab, wie ein Leben im Kloster. Der berühmteste lebende Jesuit ist Jorge Mario Bergoglio, besser bekannt als Papst Franziskus.

Kapitel 1 - Samstag, 6. Juli 2024

Start ohne Hindernisse

Bocholt - Bilbao - Vitoria - Laguardia

Welch unchristliche Zeit! Bereits um halb fünf Uhr klingelt der Wecker. Unser Sohn Niki steht pünktlich vor der Tür, um uns ins grenznahe Doetinchem zu fahren. Von hier aus geht es mit dem Zug nach Schiphol, dem Amsterdamer Flughafen. Unnötigen Ballast haben wir zuhause gelassen. Pilgererfahrung zahlt sich aus. Eine Last von sechs bzw. acht Kilogramm sollte unseren Schultern zumutbar sein.

Recht frisch ist es heute Morgen. Allzu viel ändert sich überraschenderweise daran auch bei unserer Ankunft in Bilbao nicht. Die Wolken hängen tief. Andererseits sind 18 Grad hier im Norden Spaniens am Golf von Biscaya im Hochsommer nichts Besonderes. Wir sind schließlich nicht in Andalusien. So, wie wir es vom spanischen Verkehrssystem gewohnt sind, fährt der für 14.00 Uhr gebuchte Bus pünktlich ab in Richtung Vitoria Gasteiz.

Kerstin hat ihren Kopf auf meinen Schoß gelegt. Es dauert nicht lange bis ich ein vertrautes Schnorcheln vernehme. Ich selbst bin zu aufgekratzt für ein Nickerchen, denke stattdessen darüber nach, welche spannenden neuen Eindrücke und Überraschungen in den nächsten Tagen auf uns warten. Wie oft bin ich bereits in den letzten Jahren zum Pilgern nach Spanien geflogen! Mit beiden Händen kann ich es schon lange nicht mehr abzählen. Jedes Mal kam ich erfüllt von dem Erlebten zurück. Es wird nie langweilig. Weder die Lust auf einen neuen Weg, eine noch unbekannte Landschaft oder aufregende Begegnungen lassen nach. Nicht alles ist exakt vorauszusehen oder planbar. Wobei ich einschränkend hinzufügen muss, dass ich heute Unterkünfte im Voraus buche und nicht wie früher am Ende einer Etappe schaue, wo ich bleibe. Dennoch: Wir werden improvisieren müssen, wir werden leiden und wir werden belohnt werden für die auf uns genommenen Strapazen. Ich bin dankbar, dass ich mich ohne physische und psychische Einschränkungen in dieses neue Abenteuer stürzen kann. Und ich schätze mich glücklich, dass ich bereits zum fünften Mal mit Kerstin am Start bin.

Der Autobus fährt einen Pass in der baskischen Berglandschaft hinauf. Am Rande der Fahrbahn erkenne ich im Nebel eine Tafel mit der Angabe der Höhe: 1.200 Meter. Der Scheibenwischer kann nur mit Mühe die Wassermassen zur Seite schieben, die der prasselnde Regen verursacht. Immerhin: Die Strapazen mit Höhenmetern, wie wir sie vom Camino Primitivo oder vom Camino del Norte kennen, bleiben uns diesmal erspart, da wir erst jenseits der Bergetappen unsere Pilgerreise beginnen. Die letzte Bergetappe des Camino Ignatius führt von Genevilla nach Laguardia. Genau hier werden wir morgen starten. Zuvor aber wollen wir uns Vitoria, die Hauptstadt des Baskenlandes, anschauen.

Als der Autobus in die Estacion de los buses in Vitoria einfährt, hat der Regen aufgehört. Sehr passender und willkommener Zeitpunkt! So sind wir nicht schon komplett durchnässt, bevor wir in Laguardia ankommen. Neben der Besichtigung der Altstadt haben wir noch eine Aufgabe. Wir wollen den Decathlon Shop aufsuchen, um einen Wanderstock für Kerstin zu besorgen. Eine Woche vor unserer Abreise war sie mit dem rechten Fuß so heftig umgeknickt, dass es zu einer massiven Schwellung kam, die unsere geplante Wanderung ernsthaft in Frage stellte. Durch eine Stützbandage konnte sie das Sprunggelenk stabilisieren. Ein Stock könnte ihr zusätzliche Sicherheit geben – so hoffen wir.

Wir schultern unsere Rucksäcke und laufen hoch in die sehenswerte Altstadt. Trotz strammen Schrittes brauchen wir gut zwanzig Minuten.

Vitoria Gasteiz wurde 1181 von Sancho dem Weisen, König von Navarra, gegründet und blickt auf eine wechselvolle Geschichte zurück. Zeitweise gehörte es zu Kastilien. Heute ist Vitoria die Hauptstadt des Baskenlandes sowie der südlichsten baskischen Provinz Álava. Durch zunehmende Ansiedlung von Industrie wuchs die Stadt schnell. Viele Spanier aus den südlichen Landesteilen Andalusien und der Extremadura siedelten um nach Vitoria. Mittlerweile ist die Einwohnerzahl auf über 250.000 gestiegen. Dies ist auch der Grund warum 1980 nicht Bilbao oder San Sebastian Hauptstadt des Baskenlandes wurden, sondern Vitoria Gasteiz. Auf Grund der Mischung spanischer und baskischer Bevölkerungsanteile in Álava war die Identifikation mit baskischen Idealen hier geringer als in den nördlichen Provinzen Gipzoa und Biscaya gegeben. Durch die Wahl von Vitoria zur Hauptstadt wurde die Loyalität zum Baskenland erhöht.

Einen absolut unwürdigen Part spielt Deutschland in der Geschichte Vitorias. Von hieraus starteten die Flugzeuge der Legion Condor ihren Luftangriff auf Gernika.

Wir finden einen passenden Wanderstock für Kerstin und möchten noch gerne an einem der schönen Plätze der Stadt verweilen. Allzu viel bummeln dürfen wir jedoch nicht, da schon bald unser Bus nach Laguardia vom Busbahnhof abfährt. Glaubt man dem Reiseführer von Iriberri und Lowney werden wir morgen unseren Pilgerweg vom attraktivsten Ort des gesamten Camino Ignatiano starten. Eine bezahlbare Unterkunft dort zu finden war gar nicht leicht.

Unser gebuchtes Hotel Marixa liegt unmittelbar an der Stadtmauer und direkt gegenüber der Bushaltestelle. Der Empfang ist freundlich, das Zimmer klein, einfach und sauber. Das Highlight ist die große Terrasse mit Blick auf die Stadtmauer aus dem 18. Jahrhundert. Mit 110 Euro ist der Preis des Zimmers stolz und liegt deutlich über unserem Schnitt. Trotzdem gehört das Hotel hier zu den günstigsten Unterkünften und wir sind froh, dass wir morgen keine Anreise mehr haben und unmittelbar von hieraus starten können.

Die Stadt versprüht mittelalterlichen Charme à la Rothenburg ob der Tauber. Wir schlendern durch die Gassen, erfreuen uns an den ersten Pinchos zu einem Glas vino tinto aus der Region und sind bereits vor Anbruch der Dunkelheit auf unserem gemütlichen Zimmer. Unsere kleine Bude ist nicht nur gemütlich, sie ist auch kuschelig warm. Eine Beschreibung, die auf die Gassen der 630 m hoch gelegenen Altstadt – zumindest heute Abend – nicht zutrifft. Dort war es eher lausig kalt.

Das Viertelfinale der EM zwischen Niederlande und England überstehe ich nicht bis zum Ende. Morgens nach dem Aufwachen erfahre ich, dass England erneut mit wenig attraktivem Fußball weitergekommen ist.

Kapitel 2 - Sonntag, 7. Juli 2024

Lukaku

Laguardia - Navarrete | 24 km

Die Morgensonne strahlt ihr warmes Licht über die Terrasse in unser kleines Zimmer. Fast kitschig verschleiert sie die Stadtmauer mit ihrem Wehrturm in ein goldgelbes Antlitz. Schöner kann ein Tag nicht beginnen. Dazu passend bekommen wir ein klassisches spanisches Frühstück mit Schinken und „Tomatenmatsche" serviert. Gut, dass wir es gestern Abend bei der Anmeldung für unglaubliche 5,70 Euro pro Person dazu gebucht hatten.

Der Junior Chef des Hotels, der uns das Frühstück serviert, ist der Meinung, wir sollten unseren Start auf dem Camino Ignatiano noch einmal verschieben und nach Pamplona fahren, um den ersten Tag von Sanfermines zu erleben. Die ganze Region im Baskenland und Navarra fiebert diesem Stierrennen in Pamplona entgegen, bei dem die Menschen sich von den losgelassenen aufgehetzten Tieren durch die engen Straßen der Altstadt jagen lassen. Richtig populär hat es der Literatur Nobelpreisträger Ernest Hemingway vor hundert Jahren in seinem Roman „Fiesta" gemacht, in dem die Protagonisten jede Ecke des Festivals und der Stadt Pamplona erkunden.

Direkt hinter dem Hotel beginnt der Camino. Schonend für unsere Gelenke bringt uns ein elektrischer Aufzug ins Tal. Euphorisiert durch den gelungenen Start in den Tag machen wir die ersten Schritte auf dem Ignatiusweg. Etwas gewöhnungsbedürftig sind die roten Pfeile, hatten wir uns doch über Jahre mit gelben vertraut gemacht.

Nach ein paar hundert Metern bleibe ich stehen, schaue noch einmal über die Felder zurück auf unseren Startpunkt und versuche, die morgendliche Stimmung mit der Kamera einzufangen. Kerstin schreitet derweil voran in der Annahme, ich werde gleich nachkommen. Es gibt ja nur zwei Möglichkeiten an dieser Stelle, weiter zu laufen. Und da der rote Pfeil nach rechts zeigt, sollte die Richtung klar sein.

Meine Allerliebste hat mich überschätzt. Gedankenverloren befinde ich mich bereits sehr früh im meditativen Camino-Modus. Meine Bewegungen werden nicht von der Konzentration auf Pfeile, sondern von Intuition geleitet und diese führt mich in diesem Moment nach links. Ein sehr schöner Weg. Jogger überholen mich und kommen mir entgegen. Nur: Den Menschen, den ich suche, kann ich nicht finden, obwohl ich läuferisch bereits den Turbo eingeschaltet habe. Ich versuche mich akustisch bemerkbar zu machen. Keine Reaktion, meine Schreie verhallen im Wald.

Vielleicht rufe ich sie an. Wie immer hatten wir allerdings vereinbart, das Handy während des Laufens abzustellen. Egal – ein Versuch ist es wert. Hurra! Der Klingelton geht durch. Komisch ist nur, dass ich selbst das Rufzeichen eines anderen Mobiltelefons vernehme, obwohl meine Liebste weit und breit nicht zu sehen ist. Die Freude hält daher auch nur den Bruchteil einer Sekunde....bis ich wahrnehme, dass es im Rucksack auf meiner Schulter bimmelt, denn dort hatte Kerstin ihr Handy abgelegt, bevor sie sich allein auf den Weg gemacht hatte.

Dass ich mich irgendwann verlaufen würde, war klar. Bisher ist es mir auf jedem Camino passiert. Muss das heute aber schon nach fünfzehn Minuten geschehen? Wie jedes Mal wehre ich mich gegen den Frust, zurückgehen und damit die Etappe unnötig verlängern zu müssen. Für einen Moment überlege ich meiner Intuition folgend querfeldein zu laufen.

Nun ja – mit meiner Intuition ist das so eine Sache. Gewisse Zweifel an ihr lassen mich dann doch besser den vorgesehenen Weg zurück antreten. Irgendwann kommt mir Kerstin entgegen. Ich erwarte eine Standpauke, aber offensichtlich überwiegt auch bei ihr die Freude, mich wiederzusehen. So, als wäre ich nach Jahren aus dem Exil zurückgekehrt, schließt sie mich in ihre Arme. Irgendetwas wie „Betreutes Wandern“ murmelt sie vor sich hin.

Ohne größere Hindernisse erreichen wir im Auf und Ab über ruhige Feldwege gegen 12 Uhr den Ort Lapuebla de Labarca. Der Name ist Programm: „Der Ort der Fähre“, heißt er wörtlich übersetzt. Immerhin gibt es dieses 850 Seelen - Dorf bereits seit 1369. Der Fluss Ebro, über den die Fähre geht, markiert die Grenze zwischen dem Baskenland und Kastilien, eine Gegend, die durch etliche kriegerische Auseinandersetzungen geprägt ist. Dieser Fluss Ebro, nach dem Tejo der zweitlängste in Spanien, der uns hier zum ersten Mal begegnet, wird uns bis zum Ende unserer Pilgerreise begleiten.

Alles andere, als eine kriegerische Stimmung finden wir auf dem Hauptplatz des Ortes vor, an dem wir unsere erste Pause mit einem Café con leche einlegen. Fröhlich und scheinbar bestens gelaunt treffen sich hier nach dem sonntäglichen Kirchgang Jung und Alt beim Frühschoppen in der Sonne.

Schon lange ist ein Übersetzen auf dem Ebro mittels Fähre nicht mehr nötig. Eine Brücke führt uns auf die andere Seite des Flusses. Nicht zu übersehen ist, dass in der leicht hügeligen Landschaft ein Weinfeld an das nächste angrenzt. Kein Wunder. Wir befinden uns in einer der berühmtesten Weinregionen der Welt, der „Rioja“. So gelangen wir, bedingt durch den passenden Untergrund der Feldwege und weitgehend ohne Belästigung durch Autoverkehr, in einen sehr angenehmen Flow, in dem sich unsere läuferischen Anstrengungen im Einklang mit unseren konditionellen Voraussetzungen befinden.

Nach acht Kilometern kündigt sich erneut im passenden Moment eine willkommene Unterbrechung durch den Ort Fuenmayor an. Das Angebot für eine Pause nehmen wir gerne an. Irgendwie sind diese kleinen Ortschaften mit ihrer lebendigen, aber dennoch relaxten Atmosphäre das Salz in der Suppe der Wanderungen! Nur leider finden sie sich nicht auf allen Strecken, wie wir später noch leidvoll erfahren werden.

Bevor wir in Navarrete ankommen, müssen wir uns an einem etwas unübersichtlichen Autobahngewusel vorbei quälen. Mit Umwegen sind wir an unserem ersten Pilgertag 24 Kilometer bei sehr angenehmen Temperaturen zwischen 20 und 25 Grad Celsius gelaufen. Ausreichend, um zum ersten Mal wieder das Gefühl zu spüren, das hopfenhaltige Getränk bei der Ankunft nicht nur in vollen Zügen genießen zu dürfen, sondern es sich auch redlich verdient zu haben.

Das Besondere an Navarrete ist die Tatsache, dass es am Camino Francés liegt. Wir erwarten daher heute eine Vielzahl von Pilgern in diesem Ort. Was direkt ins Auge fällt, ist die große Anzahl an Herbergen, Pilger jedoch sehen wir nur sehr vereinzelt. So, wie es aussieht, hätten wir heute vielleicht sogar irgendwo einen Schlafsaal für uns beide allein ergattern können.

Bereits vor einigen Wochen hatte ich uns ein Zimmer im Hotel Hostal Villa de Navarrete gebucht. Für 50 Euro kommen wir in einem gut temperierten, einfachen, aber sauberen Zimmer unter.

Beim Schlendern durch die überschaubare Stadt mit 3.000 Einwohnern bleiben wir in einer Bar hängen, in der wir überprüfen wollen, zu welchem geschmacklichen Ergebnis die vielen Rebstöcke auf den heute passierten Wegen geführt haben. Ein heftig gestikulierender Mann mittleren Alters mit rot - gelbem spanischen Trikot entgeht nicht unserer Aufmerksamkeit. An sich nichts Außergewöhnliches in einem südlichen Land Europas mit temperamentvollen Menschen. Das Besondere an ihm ist der Name, mit dem sein Trikot beflockt ist: Lukaku. Bekanntermaßen handelt es sich nicht um einen spanischen Spieler, sondern um einen belgischen, der zuletzt vom FC Chelsea an AS Rom verliehen war. Mit den Römern

hat der Mann aber auch nicht viel am Hut, wie er mir auf Anfrage mitteilt. Er ist glühender Fan von Athletic Bilbao. Warum aber dann dieser eigenartige Mix mit dem Namen eines belgischen Nationalspielers auf dem Trikot der Furia Roja?

Der Spanier erzählt uns, dass diese ungewöhnliche Kombination für ihn die friedliche Vereinigung europäischer Länder und Kulturen symbolisiert. Der Fußball bringe die Menschen zusammen. Bei aller Rivalität ermögliche er – so wie aktuell bei der Euro – dass das gemeinsame Erlebnis als etwas Verbindendes empfunden werden kann. In der Bundesliga favorisiere er Underdogs wie St. Pauli oder Bochum. Was den letztgenannten Verein betrifft, steigen meine Sympathiewerte für den Fußball - Philosophen ins Unermessliche.

Vorgestern Abend noch hatten wir zusammen mit Freunden in Bocholt das Ausscheiden der deutschen Nationalelf gesehen. Heute Morgen erhielt ich von meinem Bruder Marcus das Statement von Julian Nagelsmann, unserem Bundestrainer: „Es ist wichtig zu realisieren, in welch schönem Land wir leben, landschaftlich und kulturell. Was wir für Möglichkeiten haben, wenn wir alle zusammenhalten und nicht alles extrem schwarz malen, dem Nachbarn nichts gönnen und von Neid zerfressen sind. Ich habe noch nie einen Menschen getroffen, der Dinge allein macht und dann automatisch weiterkommt, als wenn er sie mit jemandem zusammen macht.“ Noch so ein Fußball - Philosoph!

Der Wein für 1,50 Euro das Glas ist durchaus genießbar. Kulinarischer Höhepunkt aber ist unsere Abendmahlzeit mit gebackenen Artischocken und Jamon Iberico. Wen wundert es, dass der Koch der spanischen Nationalmannschaft, der bei der Europameisterschaft in Deutschland seine Spieler ausschließlich mit Nahrungsmitteln der Region versorgt, eine einzige Ausnahme bei spanischem Schinken macht.

Als wir um zehn Uhr im Bett liegen, wird uns bewusst, was heute Morgen noch überhaupt nicht selbstverständlich erschien, nämlich die Tatsache, dass Kerstins Fußgelenk stabil geblieben ist und wir uns morgen auf einen neuen Wandertag freuen dürfen.

Kapitel 3 - Montag, 8. Juli 2024

Eine unerwartete Erfrischung

Navarrete - Logroño | 15 km

Pünktlich mit Beginn der Morgendämmerung, um 7.00 Uhr, sind wir aus dem Hotel. Wie oft schon hat mich diese besondere Stimmung in den Morgenstunden mit ihrer Frische, der Ruhe und dem Dunst des Nebels auf diversen Jakobswegen inspiriert. Vergessen sind die körperlichen Qualen vom Vortag. Marschblasen werden kaum noch wahrgenommen. Dominierend ist das Gefühl, das für Jakobswege prägend ist: Dankbarkeit.

Dankbarkeit für alles Mögliche – allein schon für den Moment, auf einem dieser Pilgerwege laufen zu können. Für mich persönlich: Dankbarkeit dafür, dass ich immer noch diesen wunderbaren Beruf des Kinder - und Jugendarztes ausüben darf.

Kürzlich war ich auf dem runden Geburtstag eines in unserer Gegend renommierten Palliativmediziners eingeladen. Augenzwinkernd haben wir verbal darum gefochten, wer von uns den schöneren Beruf hat. Auch er war davon überzeugt, dass er den schönsten Beruf der Welt hat. In der Tat höre ich immer wieder, wie einfühlsam und human er mit den sterbenden Menschen und ihren Angehörigen umgeht. Meine berufliche Arbeit beginnt mit dem Besuch des Neugeborenen anlässlich der U2 im Alter von fünf Tagen, also genau am anderen Ende des Lebens. Trotzdem verbindet uns etwas: Die Tatsache, dass wir etwas bewirken können, aber auch ganz viel zurückbekommen, nämlich Dankbarkeit und Vertrauen, gibt uns beiden das Gefühl, privilegiert zu sein.

An sehr kompetenter Stelle ist mir der Begriff „Dankbarkeit" im Zusammenhang mit dem Camino vor einigen Wochen begegnet. Mein Bruder Stefan lud im letzten Jahr in seiner Funktion als Marketingleiter des Reutlinger Generalanzeigers Raimund Joos, den Autor diverser Jakobsweg Führer, zu einem Interview ein. Jeder auf dem Jakobsweg kennt seine gelben Büchlein. Auf die Frage, was das Besondere an Jakobswegen ist, und was man auf ihnen erfährt, antwortete er: Dankbarkeit und Offenheit. Zunehmend mehr Menschen – so Joos – berauben sich dieser Belohnungen durch ständigen Medienkonsum auf dem Camino. Schade, aber wahr! Wie sollen Abstand zum Alltag und Reflexion gelingen, wenn man ständig auf das Handy glotzt.

Wir laufen dem Stier entgegen. Hinter dem Osborne Stier am Ende des Feldweges auf einem Hügel begegnen wir der ersten Pilgergruppe. Die Peregrinos erwidern zwar unser freundliches „Buen Camino“, schauen dabei aber so verwirrt und voller Zweifel drein, als wollten sie uns wieder auf den rechten Pfad zurückschicken. Kein Wunder – sind es doch nicht etwa Pilger, die wir überholen, sondern solche, die uns entgegen kommen. Ich bin sicher: Kaum einer von denen hat schon einmal etwas von einem Camino Ignatiano gehört oder gelesen. Dann wüssten sie nämlich, dass dieser zwischen Logroño und Lavarrete genau in entgegengesetzter Richtung zum Camino Francés verläuft. Eine junge Asiatin ist geneigt, selbst umzukehren, bevor wir sie davon abhalten können und ihre Frage „Am I wrong?“ verneinen.

Eine Zeitlang müssen wir parallel zur Autobahn pilgern, dann dürfen wir auf einen Feldweg nach links abbiegen, wo uns der Weg in Richtung See und La Granjera Park führt. Zunächst laufen wir gedankenversunken an seinem Eingang vorbei, wundern uns aber zum Glück schnell, dass uns keine Pilger mehr entgegen kommen. Somit hält sich der „Schaden“ in Form eines unnötigen Zusatzweges in Grenzen. Weitere Orientierungspunkte im Reiseführer sind ein Spielplatz sowie ein Café in seiner Nähe. Ersterer ist nicht zu übersehen. Die erhoffte Kaffeepause jedoch können wir vergessen. Alles geschlossen. Vielleicht ist es noch zu früh. Eine Pause gönnen wir uns trotzdem, indem wir uns auf eine

Bank setzen und zumindest den Apfel vertilgen, der sich noch in unserem Rucksack befindet. Die Eichhörnchen um uns herum sind überhaupt nicht scheu. Sie klettern fast an uns hoch. Scheinbar sind sie es gewohnt, etwas vom Kuchen abzubekommen. Da müssen wir leider passen.

Über den Park San Miguel gelangen wir bereits um 10.30 Uhr an die Peripherie von Logroño. Es dauert nicht lange, bis wir eine Bar finden, in der wir unser Frühstück einnehmen können. Ich erlaube mir mein Handy anzustellen und nehme über Whats App zufrieden zur Kenntnis, dass die Vertretung in der Praxis komplikationslos läuft. Mit Kerstin diskutiere ich, wie wir den gerade begonnenen Tag gestalten sollen. Sie hat eine grandiose Idee: In Anbetracht der zu erwartenden Hitze schlägt sie vor, das Schwimmbad in Logroño aufzusuchen. Erste Recherchen im Internet ergeben hervorragende Bewertungen.

Der Plan steht und so kaufen wir uns auf dem Weg in die Innenstadt ein leichtes Badetuch. Fast zufällig befinden wir uns eine halbe Stunde später vor unserer heutigen Unterkunft, die in einer Seitenstraße unweit der Kathedrale liegt. Die Stadt Logroño gibt ein sehr harmonisches stimmiges Bild ab. Mit 130.000 Einwohnern ist sie nicht zu groß, aber auf angenehme Weise lebhaft bevölkert. Durch die Hauptstadt der Rioja schlängelt sich der Ebro, an seinen Ufern befindet sich auf der einen Seite die ansehnliche, trubelige Altstadt und auf der anderen Seite ein ausgedehnter, schön angelegter Park, in dem sich die Menschen der

Hektik des Alltags entziehen.

Ergibt es überhaupt Sinn, unsere Unterkunft um diese Zeit (11.30 Uhr) zu betreten? Weder in Pensionen oder Hotels, noch in Herbergen ist es normalerweise möglich, das Schlafgemach so früh zu beziehen.

Wir versuchen es trotzdem, drücken auf den Klingelknopf, ohne auch nur die leiseste Hoffnung zu hegen, dass man uns Einlass gewährt. Ein schrilles Geräusch zaubert ein Lächeln in unsere verdutzten Gesichter. Das Portal zur Unterkunft im zweiten Stock ist weit geöffnet. Unmittelbar hinter der Tür befindet sich auf der linken Seite die Anmeldung, an der ein junger Mann mit großem Aufwand bemüht ist, einem fünfjährigen Jungen das elektronische Spielgerät aus der Hand zu nehmen. Nur ein kurzer Blick in ihre feurig dunklen Augen reicht, um zu erkennen, dass es sich um Vater und Sohn handelt. Natürlich gibt der temperamentvolle schwarz gelockte kleine Kerl das Gerät nicht widerstandslos und freiwillig her. „Ich hab zu tun“, sagt der Vater, während sein Sohn blitzschnell den Tresen hochklettert, sich das Objekt der Begierde greift und feixend abdreht.

Schmunzelnd wendet sich der Mann uns zu. „Un chico muy simpatico“, werfe ich dem stolzen Vater entgegen. Vielleicht hat`s geholfen. Jedenfalls trauen wir unseren Ohren nicht, als er uns mitteilt: „Euer Zimmer ist schon frei. Wenn ihr einen Kaffee wollt – dort steht eine Maschine, an der ihr euch jederzeit bedienen dürft.“ Er weist in den hellen Eingangsraum, der mit bunten Sesseln eingerichtet ist. Auf dem Stadtplan zeigt er uns, wie wir am einfachsten und schnellsten zum öffentlichen Schwimmbad kommen.

Nachdem wir unsere Rucksäcke abgelegt haben, steuern wir die nahe gelegene Kathedrale an, in der Hoffnung, dort einen Pilgerpass zu erhalten. Tatsächlich gibt es innerhalb der Kathedrale einen Raum, in dem alle möglichen Pilgerutensilien und Informationsmaterial über den Camino angeboten werden. Diese betreffen allerdings einzig und allein den Camino Francés. Als wir nach einem Pilgerausweis für den Camino Ignatiano fragen, schaut man uns mit großen Augen an, als seien wir vom wahren Weg der Erkenntnis abgekommen. Frustriert verlassen wir das Gotteshaus und trösten uns mit einem Eis. Hier und jetzt darf es etwas Exotisches sein: Eine dicke Kugel Roquefort steht auf der Karte. Die Meinungen gehen auseinander, Kerstin ist begeistert, ich hätte den Käse lieber auf dem Baguette.

Dennoch: Eine Abkühlung kann nicht schaden. Wir überqueren den Ebro und gelangen durch den belebten Stadtpark zum Schwimmbad. Erwartungsvoll betreten wir das Gebäude und freuen uns wie kleine Kinder beim Auspacken der Weihnachtsgeschenke auf die nicht mehr allzu ferne Erfrischung im Schwimmbecken. „Ihr seid leider zu spät. Dieses ist ein Lehrschwimmbad und für die Öffentlichkeit nur bis mittags geöffnet", sagt der Mann an der Kasse freundlich, aber bestimmt. Da werden keine Ausnahmen gemacht.

„Das darf doch nicht wahr sein!" - wollen wir ihm empört entgegen rufen. Gemach. Gemach. Se requiere pacienca. Ein bisschen Geduld könnte nicht schaden! Bevor wir uns aufregen, sollten wir den Mann ausreden lassen. „Wenn ihr dreihundert Meter der Straße nach rechts folgt, gelangt ihr zum öffentlichen Freibad." Na also – geht doch!

Wie lange ist es her, dass ich ein öffentliches Schwimmbad in meinem Leben betreten habe? Die Erinnerungen führen mich in meine Kindheit. Es braucht schon eine Pilgerreise nach Spanien, um wieder einmal in den Genuss eines Freibades zu kommen.

Für fünf Euro erhalten wir Einlass. Die große Wiese ist spärlich gefüllt. So lässt sich noch problemlos ein Plätzchen unter einem Baum finden. Es wird ein herrlicher Nachmittag. Als wir zum ersten Mal in den Riesenpool springen, zeigt das Thermometer angenehme 26 Grad an – beim letzten Sprung um 18.00 Uhr sind es bereits 39 Grad. Beim Ausstieg aus dem Pool spricht eine ältere Frau Kerstin an. „Hola, que tal? Erkennst du mich nicht? Wir haben uns doch gestern am Rathaus beim Eis essen gesehen!“

„Was will die Frau von mir?“, fragt sich Kerstin

„Dann müsste es das Municipio de Navarrete gewesen sein“, mische ich mich, der alten Dame zugewandt, ein.

Zwischen den Wassertropfen zeichnen sich plötzlich viele Fragezeichen auf der Stirn der alten Dame ab. Grübelnd lassen wir die Señora am Wasserrand zurück.

Als wir das Freibad verlassen, füllt es sich. Der Tagesrhythmus in Spanien folgt anderen Regeln: Nach der Siesta dauert der Arbeitstag länger als bei uns. Und auch der Höhepunkt der Tagestemperatur liegt deutlich später.

Kapitel 4 - Dienstag, 9. Juli 2024

Überraschungsmenü

Logroño - Alcanadre | 15 km Taxi - 18 km Wandern

Deutlich über 30 Kilometer Laufen – und das durch unattraktive Vororte entlang der Autobahn und am Flughafen vorbei – nein, das möchten wir nicht. Schon bei der Streckenplanung wollten wir ausschließen, bei voraussichtlich über 30 Grad Celsius eine solch lange Etappe zu absolvieren. Im letzten Jahr auf dem Camino Primitivo hatten wir die Erfahrung gemacht, dass wir nach 35 Kilometern bei 38 Grad Celsius an unsere physischen und mentalen Grenzen gestoßen sind. Von Logroño ins 15 Kilometer entfernte Agoncillo gibt es eine Linienbusverbindung. Das würde passen!

Die Bushaltestelle liegt an einer breiten Ausfahrtstraße und ist nicht weit von unserem Hotel entfernt. Kurz vor der planmäßigen Abfahrt haben wir sie nach zehn Minuten Laufzeit erreicht. Es gibt nur ein Problem: Wir haben nicht die Zeit, uns zu informieren in welche Richtung wir uns stellen müssen und bleiben dann einfach dort stehen, wo wir gerade angekommen sind. Die Chancen stehen 50:50. Schon bald sehen wir, wie der Bus sich der Haltestelle nähert. Nur leider nicht auf unserer Straßenseite. Den regen Autoverkehr einfach ignorieren und blind drauflos laufen – das riskieren wir nicht. Stattdessen versuchen wir durch wildes Gestikulieren und lautes Rufen den Fahrer zu beeinflussen, auf uns zu warten. Es nutzt nichts: Dieser Fahrer kennt kein Erbarmen mit ortsunkundigen Pilgern und setzt sich nach einem kurzen Stopp wieder in Bewegung – ohne uns.

Nun – jetzt wissen wir zumindest, dass der Bus nach Agoncillo auf der anderen Straßenseite hält. Zeit für einen Kaffee ist es allemal und geöffnete Bars gibt es reichlich. Wo auch immer man hineinschaut – in der stets laufenden Flimmerkiste scheint es nur ein Thema zu geben: Das Sanfermines Fest in Pamplona. Nicht nur im hier und jetzt. Die Bilder mit den in traditionellen rot-weißen Kostümen gekleideten Protagonisten und Zuschauer, die sich auf den mit rot-weißen Fahnen geschmückten Straßen und Balkonen versammeln, sind mir von meinen spanischen Caminos in den letzten Jahren vertraut, wenn ich morgens um diese Zeit den ersten Kaffee vor dem Start getrunken habe.

Ein Reporter interviewt eine aus Navarra stammende Familie, die nach Hawaii ausgewandert ist und jedes Jahr nur aus Anlass dieses Spektakels für eine Woche nach Pamplona zurückkehrt. Die fünf Stiere werden noch einmal in ihrem Gehege gezeigt, bis sie dann endlich losgelassen werden, durch das offene Gatter auf die Straße rennen und hunderte „Verrückte" sich von ihnen treiben lassen. Nach stundenlanger Vorberichterstattung ist die Verfolgungsjagd nach fünf Minuten beendet.

Nach dem zweiten Café con Leche und einem kleinen desayuno sind wir hellwach und bereit für den Bus. Wir warten zehn Minuten, dann nochmal zehn Minuten. Es halten einige Busse, - nur einer, der nach Agoncillo fährt, ist nicht dabei. „Lass uns zum Bahnhof laufen, Kerstin. Es gibt auch eine Zugverbindung nach Agoncillo", schlage ich vor. Es kostet uns noch einmal 20 Minuten strammen Schrittes, um dann zu erfahren, dass der einzige Zug nach Agoncillo heute Nachmittag um 16.00 Uhr fährt. Und wir erhalten eine an Klarheit nicht zu überbietende Information: Die einzige Verbindung in dieses vermaledeite Agoncillo ist um diese Zeit der Bus, der alle zwei Stunden genau an der Stelle hält, an der wir gewartet hatten.

Vielleicht ist es die gerechte Strafe dafür, dass wir die Etappe von Anfang an mit öffentlichen Verkehrsmitteln verkürzen wollten. Was für eine Pilgermoral! Sie hätte vermutlich sogar Hape Kerkeling in Empörung versetzt.

Jetzt wieder zurücklatschen und noch einmal auf den Bus warten? Nein! Das kommt nicht in die Tüte. Als wir den kleinen modernen Bahnhof verlassen, treibe ich es auf die Spitze: Ohne lange zu überlegen, laufe ich auf den Taxifahrer zu und frage ihn, was uns der Trip nach Agoncillo kosten würde. 15 Euro. Das geht in Ordnung. So viel spontane Entschlossenheit – damit kann ich bei meiner Allerliebsten punkten..

Um es einmal vorsichtig auszudrücken: Was wir während der Fahrt zu sehen bekommen, lässt uns erahnen, dass wir nicht allzu viel verpasst haben. Stattdessen sind wir erneut beim alles beherrschenden Thema in der Region: Sanfermines.

„Ist das Stierrennen nicht lebensgefährlich für die Beteiligten und Zuschauer?“, will ich von dem Taxifahrer wissen.

„Ach was, in den letzten Jahren, seit dem man die Seitenstraßen abgezäunt hat, ist alles eher harmlos geworden. Da passiert nicht mehr viel. Früher, als die Stiere die Teilnehmer in die kleinen Seitenstraßen getrieben hätten, da war noch was los!“ berichtet er fast etwas enttäuscht ob der zugenommenen Sicherheit.

Ohne große Turbulenzen setzt er uns am Rand des kleinen Ortes Agoncillo ab. Endlich können wir den Pilgerweg fortsetzen. In Anbetracht der fortgeschrittenen Stunde verzichten wir auf die Besichtigung der Burg Aguas Mansas aus dem 13. Jahrhundert und starten auf dem flachen Feldweg vorbei an Birnen-, Apfel-, Pflaumen- und Olivenplantagen durch bis ins vier Kilometer entfernte Arrubal, wo wir uns über einen heißen munter machenden Café con leche freuen dürfen.

Aus dem Dorf heraus erreichen wir einen Feldweg, der rechts parallel zur

Bahnlinie verläuft. Nach zahlreichen Biegungen erscheint auf der linken Seite der Ebro, der uns auch auf den kommenden Etappen immer wieder begleiten wird. Einerseits ist es schön, entlang dieser natürlichen Wasserstraße laufen zu dürfen, andererseits bringt der Fluss auch lästige Begleitumstände mit sich: Mücken ohne Ende. Solange ich neben Kerstin laufe, bereiten sie mir keine Probleme, da sie sich alle auf meine Partnerin stürzen. Wenn es einer verstehen kann, dann bin ich es. Sie ist nun mal sehr viel anziehender als ich.

Besonders heiß ist es heute nicht, aber extrem schwül und das verstärkt noch einmal die Mückenplage. Schon nach gut zehn Kilometern fühlen wir erste Ermüdungserscheinungen. Liegt es daran, oder gibt es einen anderen Grund, dass wir völlig verwirrt an einem Schild mit einem roten Pfeil und darunter einem gelben Pfeil in die entgegengesetzte Richtung zeigend stehen? Den Camino Francés hatten wir doch in Logroño verlassen...oder was? Ist das der Klimawandel, der der Anopheles Mücke eine solche Entfaltung ermöglicht, dass sie jenseits von Afrika das Malaria Delirium in uns bereits nach wenigen Minuten auslöst?

Nein - Bei unseren Recherchen zum Ignatiusweg hatten wir übersehen, dass durch die Region tatsächlich auch ein Jakobsweg führt, nur logischerweise in die entgegengesetzte Richtung nach Santiago. Noch nicht besonders bekannt ist der sogenannte Camino del Ebro. Ein Weg, der den mit 910 Kilometern zweitgrößten Fluss in Spanien von der Mündung im Mittelmeer zwischen Tarragona und Valencia bis Logroño begleitet. In Logroño geht der Camino del Ebro in den Camino Francés über. Die Quelle des Ebro liegt am Pico Tres Mares im Baskenland. Von Logroño bis Fuentes del Ebro, ca. 30 Kilometer hinter Saragossa,

sind Camino del Ebro und Camino Ignatiano identisch, allerdings entgegengesetzt verlaufend. Gleiches gilt für den Camino Ignatiano und den katalanischen Jakobsweg ab dem Kloster Montserrat. Der katalanische Jakobsweg mündet ab Fuentes del Ebro in den Camino del Ebro.

Theoretisch wäre es somit auch möglich gewesen, die Bardenas Reales in umgekehrter Richtung über den katalanischen Jakobsweg zu erreichen. Logistisch im Hinblick auf Unterkünfte und Etappenplanung wäre es die weitaus größere Herausforderung geworden.

Der größte Fluss in Spanien ist mit 1.007 km der Tejo, der im Osten Spaniens an der Fuente Garcia entspringt und im Westen in Lissabon in den Atlantik mündet. Aber ist er auch der bedeutendste? Eher ist es der Ebro. Die Römer gaben dem Fluss den Namen Iber, woraus sich schließlich auch die Bezeichnung für die gesamte Halbinsel ableitet.

Hinter der weißen Kapelle von Aradon blicken wir gespannt auf den Gipfel des gleichnamigen Berges, an dem sich eine Gruppe Geier postiert hat. Lange kann es nicht mehr dauern, bis sie ihren Sturzflug starten. Und tatsächlich werden wir dann Zeugen dieses spektakulären Schauspiels. Die Felsformation ruft bei uns unterschiedliche Assoziationen hervor. Ich sehe darin klar den Kopf eines Tolteken und fühle mich nach Mexiko versetzt.

Kerstin bittet mich vorzulaufen, da sie ein langsameres Tempo anschlagen will. Kein Problem. So funktioniert das auf dem Camino: Jeder soll sein eigenes Tempo gehen. Mal klappt es zusammen, mal nicht. Irgendwann trifft man sich wieder.

Mein Problem ist nicht die vorübergehende Trennung, sondern die Tatsache, dass ich jetzt selbst Ziel der Monstermücken werde. Lange ist es jedoch ohnehin nicht mehr bis zum Bahnhof von Alcanadre, der auch als Pilgerherberge dient und an dem ich auf Kerstin warte um dann gemeinsam mit ihr in den Ort einzumarschieren.

Gleich am Anfang des 750-Einwohner-Dorfes genießen wir unser Ankunftsbier vor einer einfachen Kneipe. Traumhaft, wie es auch heute wieder seiner Funktion in vollem Ausmaß gerecht wird. Es bleibt dabei: An keiner Stelle der Welt, in keinem Moment des Lebens schmeckt es besser als hier und jetzt nach dem Erreichen des Etappenzieles.

Die Alten an den Tischen scheinen an uns als ankommende Pilger Freude zu haben und verwickeln uns schnell in ein Gespräch. Besonders wichtig scheint es ihnen zu sein, uns darauf hinzuweisen, dass es da hinten um die Ecke ein Lokal gäbe, in dem wir auch etwas zu essen bekämen. Hier könnten wir nur trinken. Der kleine oder große Hunger hat sich bei uns noch nicht eingestellt. Daher ignorieren wir ihre Empfehlung.

Unsere Unterkunft „Casa Azul“ liegt nur ein paar Meter entfernt von der Kneipe. Als wir davor stehen, wirkt alles verriegelt und verschlossen. Voller Hoffnung, dass es hier kein Missverständnis gegeben hat, rufe ich die angeschlagene Telefonnummer an. Und tatsächlich: Die Dame des Hauses ist in fünf Minuten da, um uns die Tür zu öffnen und uns einzuchecken. Aber nicht nur das – auch sie ist sehr besorgt um unser leibliches Wohl. Nervös schaut sie auf ihre Uhr und schlägt vor, dass wir gar nicht erst unser Zimmer beziehen, sondern so, wie wir sind, unverzüglich zu dem fünf Minuten entfernt liegenden Speiselokal marschieren sollten. Sie hat es gerade ausgesprochen, da hängt sie auch schon am Telefon - ohne auch nur eine Widerrede in Erwägung zu ziehen – und reserviert uns einen Tisch. „Es ist jetzt 14. 20 Uhr. Um 14.30 Uhr wird dort geschlossen, also beeilt euch“, gibt sie mit einer unmissverständlichen Handbewegung die Richtung vor. Wir quetschen uns gerade noch ein „Si, Señora“ heraus und befinden uns alsbald wieder auf der Straße. Wir hätten auch sagen können „Zu Befehl, Frau Kommandantin“, die Übersetzung auf Spanisch fiel mir aber spontan nicht ein und wäre auch unhöflich gewesen.

Wie befohlen, machen wir uns auf den Weg, fragen uns jedoch ernsthaft mit Blick auf das vornehme Lokal, ob man uns hier überhaupt, so verschwitzt und muffelnd wie wir sind, hineinlässt.

Schüchtern legen wir der Empfangsdame unsere Wünsche dar und vergessen nicht dabei zu erwähnen, dass eine Reservierung von der Casa Azul vorliegen sollte. Die Gäste in dem vollbesetzen Restaurant tragen teilweise feinen Zwirn und scheinen überwiegend Geschäftsleute aus dem nah gelegenen Logroño zu sein.

Freundlich führt uns die nette Dame an den einzigen freien Tisch ohne auch nur einmal die Nase zu rümpfen. Spanien ist ein tolerantes Land – das hatten wir auch schon im letzten und vorletzten Jahr auf dem Camino Portugues und dem Camino Primitivo erfahren, als wir etliche in Regenbogenfarben gestrichene Parkbänke sahen.

Der Hammer aber ist das Menü selbst. Zwar sind die Tintenfische als Vorspeise ausgegangen, aber das Steinpilz-Risotto als Alternative ist unschlagbar – geschmacklich und handwerklich perfekt, mit genau der richtigen Schlotzigkeit. Ich kann mich nicht erinnern, jemals ein besseres Risotto gegessen zu haben. Als Hauptspeise gibt es Iberico Schwein in verschiedenen Varianten. Zur Nachspeise bestellen wir ein Limetten Sorbet. Wie selbstverständlich gesellt sich Wasser und eine Flasche trockener Weißwein aus der Region zum Menü.

Der Preis für den Spaß? 33 Euro für alles! Noch irgendwelche Fragen? Klar - der Name des Restaurants: „Las Brasas de Baco".

Nach einer ausgedehnten Siesta in der Casa Azul bereiten wir uns auf das Spiel des Abends bei der Euro vor: Spanien gegen Frankreich. Zuvor gehe ich noch ins Dorf, um ein paar Besorgungen in der „Tienda" zu machen. Zum Glück erfahre ich auf dem Dorfplatz von Einheimischen, wo genau das Lebensmittelgeschäft sich befindet. Das hätte ich nie gefunden. Hinter einem Vorhang versteckt es sich in einem ganz normalen Wohnhaus. Zur Flasche Wein bekomme ich sogar einen Öffner geschenkt. Den können wir gut gebrauchen. Meinen kleinen Obolus als Dankeschön schiebt der Chef mit einem wohlwollenden Lächeln zurück. Ein Geschenk ist ein Geschenk!

Die erste Halbzeit schauen wir mit einigen Sachverständigen in und vor der Kneipe, die zweite Halbzeit unaufgeregt und gemütlich in unserer schönen Unterkunft. Spanien zieht souverän ins Halbfinale ein.

#Encierro3RTVE
9 JULIO
07:46

Kapitel 5 - Mittwoch, 10. Juli 2024

Ein Hauch von Luxus

Alcanadre – Calahorra | 21 km

Wir verlassen morgens um sieben Uhr, ohne Frühstück, die Casa Azul, überqueren die Hauptstraße und sind auch schon bald auf einem hügeligen Feldweg. Auf der ersten Anhöhe bleiben wir stehen und drehen uns noch einmal um. Die aufgehende Morgensonne taucht die Weinfelder in ein magisches Licht. Noch mehr ‚erregt' uns ein Mensch mit Rucksack, den wir den Berg hinaufgehen sehen. Wir warten auf ihn.

Ein Pilger? Gestern haben wir keinen einzigen getroffen. Der Mann stellt sich mit „Raphael" vor und spricht Spanisch. Also antworten wir auch auf Spanisch – so gut wir können.

„Wo kommst Du her?", will ich wissen.
„Aus Lyon", antwortet Raphael.
„Dann können wir uns auch auf Englisch unterhalten", schlage ich vor. „Englisch geht gar nicht" und „Deutsch auch nicht", schiebt er gleich hinterher.

Da mein „Französisch" spätestens beim zweiten Satz am Ende ist, bleiben wir beim „Spanisch". Und das funktioniert sogar recht gut.

Raphael ist – so, wie es sich gehört – in Loyola, dem Geburtsort von Ignatius

gestartet. Die Tour durch das baskische Gebirge sei zwar anstrengend gewesen, unglaublich schöne Aussichten aber wären eine mehr als angemessene Entschädigung für die Mühen gewesen. Wie sich schnell herausstellt, läuft Raphael aus religiösen Motiven. Er habe den Beruf des Koches in Lyon, der Stadt von Paul Bocuse und anderen berühmten Köchen gelernt. Der Umgangston sei jedoch dermaßen rau gewesen, dass er extrem darunter gelitten habe. Andere Umstände seien hinzugekommen und hätten dazu geführt, dass er psychisch erkrankt und über eine längere Zeit auch in stationärer Therapie gewesen sei. In dieser Periode seines Lebens sei er religiös geworden. Heute arbeite er in einer kirchlich geführten Küche für Arme. Er verdiene zwar nicht viel Geld, käme aber viel besser mit seinem Leben klar als früher.

Raphael ist Anfang vierzig und spricht Spanisch, da seine Eltern mit ihm, als er acht Jahre alt war, nach Murcia gezogen sind. Dort habe er drei Jahre eine spanische Schule besucht. Der Franzose – obwohl leicht untersetzt – wirkt körperlich drahtig. Er spricht mit sanfter Stimme in einem angenehmen Duktus und ich gewinne zunehmend den Eindruck, dass er innerlich mit sich und Gott im Reinen ist.

Wir tauschen uns über die gleichen und unterschiedlichen Caminos, die wir gelaufen sind, aus. Auf diese Weise erfahre ich von Pilgerwegen, von denen ich noch nie im Leben etwas gehört habe. So zum Beispiel vom Camin de Maria Magdalena in der Camargue.

Nachdem wir kurz parallel zu einer Autobahn gelaufen sind, erreichen wir die andere Seite durch einen Tunnel. Von dort aus geht es wieder durch karges Land. Bis auf weiteres verbschieden wir uns von unserem Pilgerfreund Raphael. Nach einer Trinkpause folgen wir dem Weg nach Calahora, der eintönig immer geradeaus verläuft. Wir sind zudem der prallen Sonnenstrahlung ausgesetzt. Rechts und links Gemüse- und Obstfelder. Schatten spendende Bäume – Fehlanzeige. Okay - einen Vorteil gibt es: Wegweiser sind nicht nötig. Verlaufen kann man sich hier nicht.

Die Eintönigkeit und zunehmende Hitze machen uns zu schaffen. Dazu kommt der steinige Untergrund, der uns das Laufen deutlich erschwert. Irgendwann empfindest Du jeden Schritt unter der Fußsohle als schmerzhaft. Auf kuriose, aber nachvollziehbare Weise drängt sich auch noch dieser schräge Vogel von Xavier Naidoo auf meiner cerebralen Festplatte auf: „Dieser Weg wird kein leichter sein. Dieser Weg wird steinig und hart.“ Der hat mir gerade noch gefehlt!

Vielleicht spüren wir unsere Schwäche jetzt auch mehr, da wir – ohne Frühstück losgelaufen - unterzuckert sind. Aber hier gibt es ja nichts, wo man mal einkehren könnte, keinen noch so kleinen Ort, keine Bar, kein Café. Und die paar Nüsse, die wir noch in der Tasche hatten, sind längst vertilgt. Es hilft nichts. Wir müssen da durch. Aber ich weiß jetzt schon, dass wir am Ende belohnt werden! Irgendworan muss man sich ja festhalten! Zumindest haben wir genug Wasser dabei.

Als wir in der Mittagszeit gegen 13 Uhr auf heißem Asphalt in die Stadt einlaufen, lassen wir unsere gebuchte Unterkunft links liegen und begeben uns zunächst in die autofreie, breite, aber etwas sterile Einkaufsstraße. Der erste Teil der Belohnung ist fällig: Tapas, Hopfen und Malz.

Dann folgt der zweite. Und der hat es heute in sich: Wir übernachten im Parador de Calahorra. Wann bekommt man schon ein Hotel dieser Klasse unter 100 Euro. Damit ist der Parador unwesentlich teurer als die anderen Hotels in der Stadt, versprüht aber diesen besonderen Charme der Geschichte. Wir gönnen uns diesen dekadenten Luxus ohne schlechtes Gewissen.

Der Empfang ist freundlich. Wir sprechen kurz über Berlin, wo es den Sohn des Rezeptionisten hin verschlagen hat, dann geht es hoch auf das Himmelbett. Es dauert nicht lange und eintönige, steinige Wege verwandeln sich auf traumhafte Weise in Wellness Oasen.

Calahorra trägt die typische wechselvolle Geschichte einer alten Stadt in dieser Region in sich. Auch wenn heute nicht mehr viele Relikte dieser Zeit zu sehen sind, stand die Stadt, die unter dem Namen Calagurris bereits im Jahre 186 erwähnt wurde, unter der Herrschaft der Römer. Da, wo heute auf der Plaza del Raso die Iglesia de Santiago steht, befand sich früher das Forum Romanum. Bereits im vierten Jahrhundert war Calahorra Bischofssitz. Im achten Jahrhundert eroberten die Mauren die Stadt, während sie von Garcia III von Navarra 1045 zurückerobert und erneut unter christliche Oberhoheit gestellt wurde.

Je weiter wir in Richtung Osten pilgern, umso mehr fallen die Vermischung und das Nebeneinander christlicher und moslimischer Elemente auf. Was die Kirchen betrifft, wurden diese auf dem Boden früherer Moscheen erbaut – ebenso, wie es umgekehrt die Muslime mit christlichen Gebäuden getan hatten. Auf den Straßen sieht man relativ viele Menschen in Kaftan und Hidschab und wie mir scheint, gibt es eine lockere, ungezwungene Kommunikation zwischen den Menschen unterschiedlicher Kultur und religiöser Zugehörigkeit. Man hat sich aneinander gewöhnt. Toleranz ist das Zauberwort. Der Grund liegt darin, dass nach der Rückeroberung der Region durch die Christen im 12. Jahrhundert viele Muslime in der Gegend blieben. Begriffe, wie Mudejar, Moriske und Mozaraber wurden geprägt.

Als Mudejar werden Muslime gekennzeichnet, die in einem christlich regierten Land lebten. Einige übernahmen den christlichen Glauben und versuchten sich Elemente ihrer alten Kultur zu erhalten. Diese wurden als Morisken bezeichnet. Mudejar - Aspekte findet man in Architektur und Kunst. Mozaraber hingegen wurden Christen genannt, die im mittelalterlichen Spanien unter muslimischer Herrschaft lebten. Sie übernahmen ihrerseits arabische Kulturelemente, so etwa in der Stadtplanung und Landwirtschaft. Auch die arabische Sprache wurde noch lange Zeit nach der Reconquista gepflegt.

Selbst in der Zeit, als Ignatius 1524 durch die heutige Rioja und durch Aragonien pilgerte, wurde häufig noch arabisch gesprochen. So berichtete der Jesuit Ignatius in seiner Autobiographie von einer Begegnung mit einem Mauren, bei der sein immer noch ritterliches impulsives Temperament ihn beinahe zu einer unchristlichen Tat geführt hätte.

Während Ignatius seiner Wege zog, holte ihn ein Maure ein, der auf einem Maultier ritt. Die beiden redeten miteinander und kamen auch auf „Unsere Liebe Frau“ zu sprechen. Der Maure meinte er wolle zwar noch glauben, dass die Jungfrau empfangen habe, ohne einen Mann zu erkennen, aber dass sie nach der Geburt noch Jungfrau geblieben sei, das könne er nicht mehr glauben. Trotz vieler Gegenargumente ließ der Maure sich nicht von seiner Meinung abbringen und ritt davon. Ignatius dagegen meinte, seiner Pflicht nicht Genüge getan zu haben, dass er einen Mauren derartige Dinge über „Unsere Liebe Frau“ aussprechen ließ. Es überkam ihn das Verlangen, dem Mauren nachzuspüren und ihm einige Dolchstöße zu versetzen.

Reflektierend und entschuldigend zitiert Ignatius in seiner Autobiographie „Bericht des Pilgers“ Martin Luther bei seiner Tischrede im Jahre 1543. „Hatte ich daran gut getan, das zuzulassen?“, schreibt Ignatius. „Man muss mich nach den Maßstäben der Zeit beurteilen, in der ich lebte. Martin Luther, der kein Mann des Schwertes, sondern trotz seines Irrtums ein tüchtiger Theologe war, sagte zwanzig Jahre später, dass man einen Juden niederstechen dürfe, wenn man ihn etwas Gotteslästerliches sagen höre." Luther erklärte sogar: „Wenn ich könnte, würde ich ihn zu Boden werfen und in meinem Zorn mit dem Schwert durchbohren." Da es nämlich nach menschlichem und göttlichem Recht erlaubt sei, einen Straßenräuber zu töten, viel mehr noch einen Gotteslästerer.

Hätte man dem Reformator derartige Auswüchse des Zorns zugetraut? Dass Luther eine kritische Einstellung Juden gegenüber hatte, dass er cholerisch sein konnte, ja, davon habe ich gehört und gelesen. Dass er aber eine solch extrem rassistische Haltung einnahm - das lässt mich erschrocken zurück und Ignatius mit seiner selbstkritischen Betrachtung im Hinblick auf seine unchristlichen Gedanken in einem deutlich positiveren Licht erscheinen.

Andererseits vermag die weiter oben beschriebene Entwicklung von Toleranz zwischen den Weltanschauungen gleichwohl Hoffnung im Hinblick auf aktuelle politische Gegebenheiten und Wirren in Europa und der übrigen Welt machen – auch wenn es ein paar Jahrhunderte gedauert hat.

Auf der Suche nach der Kathedrale von Calahorra müssen wir feststellen, dass im Zentrum der Stadt kein Gebäude dieser Art zu finden ist. Wir fragen einfach mal bei einer Passantin auf der Straße nach und bekommen zur Antwort, dass wir ein ganzes Stück aus der Stadtmitte herauslaufen müssen, um auf die Kathedrale Santa Maria zu stoßen. Als Begründung lesen wir, dass die Stadt im Mittelalter bereits so zugebaut war, dass in ihr kein Platz mehr für eine neu zu bauende Kathedrale blieb. Diese wurde daher außerhalb der Stadtmauern am Ufer des Flüsschens Cidacos zunächst als Taufkirche errichtet.

Wir laufen daher etwa zwei Kilometer vom Zentrum herunter zum Fluss, wo wir die Kathedrale dann vis – a - vis zum Bischofspalast finden. Sie wurde ursprünglich im gotischen Stil erbaut und später im 18. Jahrhundert mit einer klassischen Fassade versehen. Gerade haben wir die Kathedrale betreten, als uns ein Pater entgegenkommt, der uns die wichtigsten Dinge in der Kathedrale zeigen und erklären möchte.

Gleich zu Beginn eröffnet er uns, dass er weder Deutsch, noch Französisch oder Englisch spreche und er froh sei, wenn wir ihm auf Spanisch folgen könnten. Es seien drei Dinge, die wir im Zusammenhang mit der Kathedrale kennen müssten. Der erste wichtige Punkt sei genau hier im Portal der Kirche, wo wir gerade stünden, denn hier seien die Brüder und Märthyrer Emeterius und Chelidonius, die später heilig gesprochen wurden, bestattet worden.

„Ich habe gelesen, sie seien in Salamanca beerdigt worden und würden auch dort verehrt", gebe ich zu bedenken.
„Nein, dort sind nur ihr Köpfe, die Körper der Brüder befinden sich unterhalb der Kathedrale in Calahora", antwortet der Pater leicht empört.

Die Legende von Emeterius und Cheledonius liest sich so: Die beiden Brüder dienten als Krieger, die bei den römischen Legionen in Leon ihr Lager hatten. Als im Jahr 298 n.Chr. eine grausame Christenverfolgung entstand, entschlossen sie sich in den Gefängnissen den Gläubigen zu dienen. Sie begaben sich nach Caligurrim, dem heutigen Calahorra, wo sie ohne Furcht Jesus den Gekreuzigten predigten. Sogleich wurden sie ins Gefängnis gebracht, gequält und schließlich an den Auen des Cidacos geköpft. Auf wundersame Weise gelangten die Köpfe über den Fluss nach Salamanca, während die Körper an der Stelle ihrer Hinrichtung begraben wurden.

Wir ziehen weiter durch das Gotteshaus bis wir an die Apsis gelangen. „Halt, stehen bleiben", ruft der Pater plötzlich. „Schaut euch dieses Gemälde dort an!" Was wir sehen, ist ein Bild mit einem weit geöffneten Fenster. „Jetzt lauft ein paar Meter weiter und sagt mir bitte, was ihr nun auf dem Gemälde erkennt", fordert er uns auf und freut sich diebisch wie ein kleines Kind, das seine Eltern überrascht hat, als wir zugeben müssen, dass das Fenster jetzt geschlossen sei. Eine sehr gelungene optische Täuschung!

Wir begeben uns wieder zurück in Richtung Eingangsportal, wo der Pater uns auf der rechten Seite auf das aufwendig mit Kürbis- Wasserbehältern Jakobsmuscheln und dem Abbild des Heiligen Jakobus verzierte Taufbecken aufmerksam macht. Nun müsse er sich aber leider von uns trennen, meint der Pater, da er an anderer Stelle noch eine Messe zu halten habe. Schließlich könne er den französischen Pilger, den er eine Stunde vor uns hier getroffen und zum Gottesdienst eingeladen habe, nicht enttäuschen und verspätet erscheinen.

Bliebe ordnungshalber noch die Erwähnung der Namen unserer Protagonisten: Der Pater heißt bezeichnenderweise Ignatius, der französische Pilger – wie sollte es anders sein – Raphael.

Hinter der Kathedrale laufen wir durch das jüdische Viertel, in dem sich auch die Herberge befindet, zurück ins Zentrum. Leider hat das Gemüsemuseum (Museo de Verdura) auf dem Weg dorthin schon geschlossen. Es würdigt die Fruchtbarkeit des Landes mit dem Anbau der Früchte und verschiedener Gemüsesorten hier in der östlichen Rioja im Umfeld des Ebro. Unsere Abendmahlzeit in der Fußgängerzone ist eher deftig, in Knoblauch ertränkt und fettig. Ein wenig mehr frisches Gemüse hätte ihr gut getan.

Kapitel 6 - Donnerstag, 11. Juli 2024

Warum klappert der Storch?

Calahorra - Alfaro | 25 km

Die Königsetappe steht an. Und es sollen knapp 40 Grad Celsius im Laufe des Tages werden. Daher ist es schon fast zu spät, als wir uns um kurz vor 7.00 Uhr auf den Weg machen. Wieder geht es durch die Einkaufsstraße, die logischerweise um diese Zeit noch komplett verlassen ist. Erneut laufen wir in Richtung Kathedrale hinunter, um dann gegenüber dem Flüsschen Cidacos links auf einen Feldweg zu gelangen, der uns weiter in Richtung Osten zu unserem heutigen Ziel Alfaro leitet.

Schon jetzt ist es recht warm, sodass wir uns bereits früh der lästigen Jacken entledigen. Ein letzter Blick führt uns zurück auf die von der Morgensonne angestrahlte Stadt mit ihren 24.000 Einwohnern, die von dieser Stelle aus viel kleiner erscheint.

Alsdann richten wir den Blick nach vorne, wo ein munteres Schauspiel die Aufmerksamkeit auf uns zieht: Ein Schäfer treibt seine Tiere mit Hilfe von mehreren Hunden durch die Gegend. Diese verhalten sich wie ein unsichtbarer Zaun, der die Schafe in ihren Grenzen hält. Obwohl einer von den Hunden schwer gehbehindert wirkt, ist er dennoch mit großem Engagement dabei. Mit seinem Quasimodo-artigen hinkenden Gang macht er mir ein wenig Angst. Hoffentlich kommt der nicht auf mich zu, denn grundsätzlich scheinen die Hunde keine Berührungsängste zu haben, findet einer nach dem anderen doch Gefallen daran, an unserer Kleidung zu

schnuppern. „No hacen nada!“, ruft uns der Schäfer vom Rücken seines Pferdes zu. Der Spruch kommt mir bekannt vor. „Die tun nix“, scheint international verbreitet zu sein.

Der Schäfer hat recht. Sie tun uns wirklich nichts. Im Gegenteil. Sie sind für lange Zeit eine angenehme Abwechslung, die von der Anstrengung beim Laufen ablenkt. Gab es zu Beginn am Wegesrande noch Apfel-, Birnen- und Olivenplantagen, sowie einige Weindepots im Hintergrund zu sehen, so geht es jetzt weiter auf steinigem Belag ohne die kleinste Ablenkung nur noch gerade aus, wie so oft an der Bahnlinie entlang. Bereits nach gut zehn Kilometern bin ich so platt, dass ich mir den Ort Rincón de Soto, der auf der Hälfte unserer heutigen Etappe liegt, flehentlich herbeisehne. Es ist mir fast peinlich, Kerstin zu fragen, ob es ihr auch so geht.

Nach einer weiteren halben Stunde Quälerei ist endlich Leben in Sicht. Auf der linken Seite erscheinen die ersten Häuser. Nach dem Überqueren der Bahnlinie bittet mich Kerstin: „Frag doch mal, wo es hier einen Kaffee gibt, den könnte ich jetzt gut gebrauchen.“ Ich auch - und so zögere ich nicht lange. „Hier direkt um die Ecke“, deutet mir die junge, elegant gekleidete Frau an.

Das Café ist keine Fata Morgana. Es ist Realität und für uns wie ein Stück des erhofften Paradieses. Die Menschen sitzen friedlich plaudernd in einer kaum befahrenen Seitenstraße an kleinen Tischen vor dem Café, Frauen und Männer meist getrennt, mit und ohne Kaftan. Was ein saftiges mit Iberico Schinken belegtes Bocadillo und zwei Cafés con Leche doch so alles bewirken können! Wir empfinden es so, als würden uns neue - frischere - Geister eingehaucht.

Auf diese Weise geht es dann auch zunächst ausgeruht und guten Mutes weiter durch das Zentrum der Ortschaft Rincón de Soto. Kurz bevor wir sie auf die Landstraße verlassen, kommt uns eine schlanke, junge Frau im weißen Top mit Rucksack entgegen. Über diesem liegt die gelb rote Flagge

Spaniens. Ganz offensichtlich ist sie die erste Pilgerin, die uns auf dem Camino seit Logroño begegnet. Gerne hätte ich mich noch mit ihr unterhalten, aber wir alle sind offensichtlich so in unserem Pilger-Modus, dass man sich beim flüchtigen Blickkontakt ein kurzes „Buen Camino“ zuwirft und dann im Wandertrott bleibt. Wann hat man schon mal die Gelegenheit, mit einem Pilger oder einer Pilgerin auf dem Camino del Ebro ins Gespräch zu kommen? Was ich jetzt noch nicht weiß: Diese Chance wird einzigartig bleiben.

Lange dauert es nicht, dann geht die Quälerei wieder los: Temperaturen um die 35 Grad Celsius, null Schatten, kein Hauch von Wind und eine geradezu endlos erscheinende Strecke. In der Ferne hat man eine Häuseransammlung im Auge, aber dann stellt sich beim Näherkommen heraus, die Ortschaft liegt weiter südlich oder nördlich und kann noch lange nicht das Ziel sein.

Was kann in einer solchen Situation helfen? Was ist tröstlich? Dass man gesund ist und überhaupt im Stande ist, eine solche Strecke zu laufen? Ja, es hilft, zumindest für eine gewisse Zeit. Tatsächlich denke ich in diesem Moment an eine Begegnung, die ich kürzlich in der Praxis hatte und die ich mit Demut und Dankbarkeit, aber auch mit großer Anerkennung verbinde:

Ich betrete einen der Behandlungsräume, in dem sich unerwartet eine Mitte Dreißig Jahre alte Frau befindet, die in einem Rollstuhl sitzt. Die Frau ist mir bekannt. Sie sucht die Praxis mit ihrem dreizehn Jahre alten Sohn auf, den sie mir wegen eines Infektes vorstellen möchte. Aber wie ist sie mit dem Rollstuhl hier die Treppe hochgekommen? Wir haben keinen Fahrstuhl. Und warum sitzt sie überhaupt in dem Rollstuhl? Das sind die Fragen, die mir in diesem Moment durch den Kopf gehen. Ich denke, sie hat sich ein Bein gebrochen oder den Fuß extrem verstaucht. Genau das frage ich sie auch.

„Nein, das ist es leider nicht“, sagt sie mit ruhiger Stimme und einem freundlich zugewandten Lächeln im Gesicht. Dieses Lächeln hat nichts von Verlegenheit, es wirkt selbstbewusst und authentisch.

„Am Karnevalssamstag war ein Treffen mit Freunden geplant. Dort bin ich nie angekommen. Ich fuhr am frühen Abend mit dem Fahrrad los, rutschte kurz danach an einem Bordstein ab und fiel mit dem Rücken auf die Kante.

Passanten bestellten einen Krankenwagen, da ich mich nicht mehr bewegen konnte. Im Krankenhaus stellte man fest, dass ich querschnittsgelähmt bin. Dann kam die Reha. Ich habe fleißig alle Übungen mitgemacht, die man mir zeigte, aber irgendwann wurde es mir zu langweilig. Ich habe denen klar gemacht, dass ich zu Hause gebraucht werde und die Übungen auch dort selbstständig durchführen kann."

„Aber wie sind Sie hier hochgekommen?", will ich wissen.
„Wieso? Meine Hände funktionieren doch, ich habe mich an den Treppenstufen hochgezogen und mein Sohn hat den Rollstuhl getragen", erwidert sie, so, als wäre es das Selbstverständlichste der Welt.

„Hat Sie ihre neue Lebenssituation nicht in eine Depression geführt?" frage ich weiter. „Anfangs schon", sagt sie, immer noch mit diesem gewinnenden optimistischen Gesichtsausdruck. „Aber dann habe ich mich daran orientiert, was noch geht und wie viel ich noch bewirken kann. Und außerdem merke ich, wenn ich übe, dass ich fast jeden Tag Fortschritte mache."

Selten habe ich einen Menschen mit einer solch ausgeprägten positiven Einstellung zum Leben gesehen. Kein Jammern, keine Vorwürfe. Natürlich wird sie sich gefragt haben, warum gerade sie solch ein Pech haben musste. Nach einer kurzen Phase der Depression nimmt sie ihr tragisches Schicksal an und beginnt wieder positiv zu denken. Meine Hochachtung im Bezug auf die Haltung eines Menschen könnte nicht größer sein, als gegenüber dieser Mutter!

Was also gibt es für mich zu stöhnen? Selbstmitleid erscheint mir in diesem Moment der Besinnung geradezu lächerlich!

Um die Eintönigkeit beim Laufen erträglicher zu machen, nehme ich meinen Kopfhörer aus dem Rucksack und schalte das Hörbuch an, das ich bereits in Deutschland begonnen hatte: 25 Sommer von Stephan Schäfer. Just an der Stelle, an der ich gestoppt hatte, beschreibt der Autor eine Situation, die mich an eine eigene Entscheidung in meinem Leben erinnert, die von Bedeutung war:

Der Protagonist wandert in Begleitung des Beduinen Mohamed durch die Wüste Wadi Rum in Jordanien, um sich klarzuwerden, ob der Plan für einen wegweisenden Entschluss in seinem Leben richtig oder falsch ist. Er erklärt dem Beduinen sein Dilemma und versucht ihn mit in seinen Entscheidungsprozess einzubeziehen. Dieser gibt ihm folgende Fragen zu bedenken:

Gibt es Dir Liebe und Frieden?
Gibt es Dir Lebensfreude und Energie?
Gibt es Dir Freiheit und Selbstbestimmung?
Gibt es Dir Ruhe und Halt?

Was der weise Mohamed dem Protagonisten klar machen möchte, ist, dass er seine Entscheidung mit dem Herzen und nicht allein rational fällen sollte. So erging es mir vor fünf Jahren, als ich von meinem Einsatz bei „German Doctors“ aus Kalkutta zurückkam und meine Kollegin mir mitteilte, dass ihr die Arbeit in der Praxis zu anstrengend sei und sie lieber wieder zurück ins Krankenhaus wollte.

Ich stand vor der Entscheidung: Mache ich allein weiter oder gebe ich den Kassensitz auf. Rational gesehen gab es wenige Gründe, die Praxisarbeit weiterzuführen. Finanziell wäre es kein Problem gewesen, auszusteigen. Und ob ich es physisch und psychisch überhaupt bei der Anzahl der Patienten allein schaffen würde, war nicht abzusehen. Andererseits: Auf die vielen schönen Momente meiner Arbeit und auf das tägliche Zusammenkommen mit meinem wunderbaren Team zu verzichten – das konnte ich mir nicht vorstellen. Ich war bereit, mich noch einmal richtig anzustrengen und traf eine Entscheidung mit dem Herzen: Ich machte allein weiter und habe es bis heute nicht bereut.

Im Nachhinein haben sich die Dinge glücklich gefügt. Kurz nach meiner Entscheidung kam Corona, und wie in allen Arztpraxen gab es deutlich weniger zu tun. Und dann rief mich im letzten Jahr meine liebe Kollegin Magdalena, mit der ich früher schon im Krankenhaus zusammen gearbeitet habe, an, um mich zu fragen, ob ich mir eine gemeinsame Arbeit in der Praxis vorstellen könne. Ein Geschenk des Himmels!

Kerstin hat einen Schatten spendenden Olivenbaum entdeckt, unter dem wir eine Trinkpause machen können. Dankbar nehme ich die Chance wahr und lege mich kurz ins Gras, um mich auszuruhen. Es dauert keine 30 Sekunden - und ich bin vor Erschöpfung eingeschlafen. Meine wachsame Partnerin hält mich indes von einer ausgedehnten Siesta ab.

Das letzte nicht enden wollende Stück auf der viel befahrenen Straße ist noch einmal eine Herausforderung. Dann aber kurz nach dem Ortsschild von Alfaro haben wir es geschafft. Unser vorgebuchtes Hotel Palacios liegt direkt am Anfang der Stadt, gut sichtbar auf der rechten Seite, sodass uns ein langes Suchen unserer heutigen Unterkunft erspart bleibt. Ein angeschlossenes Restaurant erfüllt alle unsere aktuellen Begehrlichkeiten.

Wir haben gerade geduscht und unsere müden Knochen auf dem Bett abgelegt, als eine Sirene erschallt. Nachdem sie schnell wieder verklingt, sind wir zunächst beruhigt. Die Ruhe täuscht allerdings. Es dauert nur eine halbe Minute, dann gibt es erneut Alarm, diesmal anhaltend. Wir ziehen uns schnell etwas drüber und rennen auf den Flur.

„Lass uns besser die Treppe nehmen", rufe ich Kerstin zu. Erstaunlich wie viel Dynamik man im Notfall trotz Erschöpfung noch entwickeln kann! Wir wundern uns selbst ein wenig, wie schnell wir die drei Etagen bis zur Rezeption schaffen. Hinter dem Tresen stehen drei völlig gelassene Figuren, die uns hämisch angrinsen. „Hatten wir nicht beim Einchecken den Probealarm angekündigt?" fragen sie uns. Mein erster Impuls ist Wut und Aufregung, dann aber besinne ich mich eines Besseren und freue mich eher, dass keine ernsthafte Ursache hinter der Alarmierung stand.

Am späten Nachmittag laufen wir ins Zentrum hoch. Außer der barocken Stiftskirche gibt es nicht viel zu entdecken. Für eines allerdings ist Alfaro unter Kennern weltberühmt: Die Anzahl der Storchennester. Schon an der vorderen Front der Kirche sind einige Exemplare sichtbar, was wir dann aber auf der Hinterseite des Gotteshauses bestaunen können, ist wahrhaft einzigartig. Wir haben sie nicht gezählt, aber es sollen mehr als 120 Nester sein, die sich dort befinden. Das heißt in den Hochzeiten residieren bis zu 500 Weißstörche auf dem Dach, auf dem sie offensichtlich in den Nischen und Türmchen ideale Brutstätten finden. Angeblich ist dies die größte Storchenkolonie der Welt.

Dass Störche klappern ist uns bekannt, wie es sich anhört – das wissen wir jetzt allzu genau. Denn in dieser ansonsten ruhigen Umgebung klappert es derartig laut, dass wir unsere Tonlage im Gespräch verstärken müssen. Wir lesen nach, dass Störche kaum etwas mit ihrer Stimme ausrichten können und daher das Klappern mit ihren Schnäbeln zum Balzen und zum Schutz ihrer Kleinen in den Nestern einsetzen.

Die Gemeinde ist stolz auf diese Einzigartigkeit und auch bemüht, sie zu erhalten, was sie auf einer großen Anzeigetafel hinter der Kirche dokumentiert. Dazu ist viel Pflege notwendig, denn die Störche finden für den Bau ihrer Nester nicht nur natürliche Materialien, sondern auch allerhand Plastik. Das Dach droht einzustürzen, wenn nicht regelmäßig unnötiger Ballast abtransportiert wird. Nahrung für ihre Kleinen finden die Störche reichlich in Form von Fischen, Mäusen, Fröschen und Regenwürmern im und um den Ebro herum.

Mir begegnet der Begriff „Storchenbiss“ nahezu täglich in der Praxis, befindet sich doch bei vielen Neugeborenen im Nacken ein Feuermal, das als Storchenbiss bezeichnet wird. Die Vorstellung, dass der Storch das Baby mit seinem langen Schnabel am Hinterkopf gepackt, einen roten Flecken hinterlassen und schließlich den Eltern gebracht hat, ist naheliegend.

Der Storch, auch Adebar genannt, gilt als Glücksbringer. Wobei „auda“ im Althochdeutschen als mit Glück und „bar“ mit bringen übersetzt werden kann. Die Idee, dass der Storch die Kinder bringt, entstammt ursprünglich nordischen Legenden, in denen er den Familien aus Dankbarkeit, dass er auf ihrem Dach nisten darf, ein Kind schenkt. Auch in Spanien bringt der Storch die Kinder, denn hier ist man davon überzeugt, dass es kein Zufall sein kann, dass Alfaro die Stadt mit den meisten Zwillingen in Spanien ist.

Genug gestaunt. In dem Café am Kirchplatz ist eine Abkühlung mit einigen Tapas fällig. Interessantes Milieu, in das wir hier hinein geraten sind. An runden Tischen sitzen alte Männer und Frauen und vergnügen sich mit Kartenspielen oder anderen Gesellschaftsspielen. Irgendwann werden sie abgeholt zum Essen in einen Nachbarraum. Offensichtlich sind wir in einem Altersheim gelandet, das auch für die Öffentlichkeit zugänglich ist. Nicht die schlechteste Idee hier mitten in der kleinen City von Alfaro!

Kapitel 7 - Freitag, 12. Juli 2024

Unerwartete Früchte

Alfaro - Tudela | 6 km Taxi - 19 km Wandern

Kerstin trägt mir heute Morgen beim Aufstehen einen Wunsch vor. Und den kann ich ihr nicht so ohne weiteres ausschlagen, denn es ist kein gewöhnlicher Tag – es ist ihr Geburtstag.

Sie habe gelesen, sagt sie, dass in 5,7 Kilometern der Ort Castejón läge, und dass der Weg bis dahin eher unattraktiv sei. Ob ich mir nicht vorstellen könnte, dorthin mit dem Taxi zu fahren. So bräuchten wir uns nicht wie gestern völlig auszulaugen. Denn auch heute müssen wir bis Tudela über 25 Kilometer schaffen und erneut sollen es fast 40 Grad Celsius in der Spitze werden.

Meine anfangs etwas aufgesetzten Bedenken gebe ich schnell auf, denn ehrlich gesagt, bin auch ich froh, wenn es nicht ganz so mühsam wird wie gestern. Außerdem hat es noch einen weiteren Vorteil: Wir brauchen uns nicht so zu beeilen und können auf diese Weise noch das inkludierte, reichhaltige Frühstück mitnehmen.

Die fröhliche Taxifahrerin weist uns daraufhin, dass wir die Region Rioja verlassen und uns hier in Castejón bereits in der Provinz Navarra befinden. Kurz hinter dem Industriegebiet lässt sie uns an dem ersten Feldweg heraus. Es scheint, als hätten wir durch die Abkürzung auch heute Morgen nicht allzu viel verpasst.

Als wäre es abgesprochen, sehen wir beim Aussteigen in 200 Metern Entfernung hinter uns eine Person, die uns bekannt vorkommt. Wer sollte so früh schon auf den Beinen sein? Wir müssen nicht lange rätseln. Es ist unser Pilgerfreund Raphael, der bereits um halb sechs aufgebrochen ist. Mein Gott, ist das peinlich, dass wir beinahe direkt vor seinen Augen aus dem Auto steigen, nachdem er schon fast zwei Stunden auf dem Pilgerweg ist.

Raphael nimmt es mit Humor - „Jeder so wie er kann" – und gibt uns zu erkennen, dass er sich sehr freut, uns wiederzusehen. Er ist schon ein feiner Kerl! Und nach eineinhalb Tagen Abstinenz hat man sich schon wieder allerhand zu erzählen. Wie üblich ist Raphael gestern in der Herberge untergekommen, die er als klein, einfach und schlicht, aber auch gepflegt beschreibt.

Nach sechs bis sieben Kilometern gemeinsamer Wegstrecke trennen wir uns wieder, denn es gibt an dieser Stelle zwei Varianten: Raphael nimmt die vermeintlich schönere, wildere aber teilweise auch schwer zu findende Strecke am Ebro entlang, wir die asphaltierte Alternative entlang der Bahnlinie. Somit vermeiden wir die Auseinandersetzung mit Monstermücken und können uns stattdessen auf zwei überraschende, nette Begegnungen freuen – was wir in dem Moment unserer Entscheidung natürlich noch nicht wissen.

Unter einer Brücke finden wir eine winzige Stelle Schatten, die wir für eine Pause nutzen wollen. Wir haben gerade unsere Rucksäcke abgelegt, als ein kleiner Lastwagen auf der wenig befahrenen Straße anhält. Das, was jetzt folgt, können wir kaum gedanklich und visuell erfassen, so rasch vollzieht es sich. Ein Mann mittleren Alters steigt aus, läuft auf uns zu und drückt jedem von uns zwei Riesenpfirsiche in die Hand. So schnell wie er erschienen ist, braust er auch schon wieder los mit seinem Auto. Ein Geist? ...Ja, ich denke, es war der Camino Spirit. Wir schaffen es so gerade noch, ihm ein „Muchas gracias" hinterherzurufen.

Mit der Kraft der süßen Früchte läuft es sich leicht bis zur Stadtgrenze von Tudela. In der Ferne sehen wir bereits die Konturen des Zentrums, während wir rechts von uns auf einen Berg blicken, der auf seiner Spitze Assoziationen an Rio de Janeiro erweckt: Eine mächtige Christusstatue richtet ihren Blick behütend auf die Stadt am Ebro. Aus dem Nichts heraus werden wir plötzlich angesprochen. „Soll ich euch den Berg hinauf begleiten und die Stadt von oben aus erklären?“ fragt uns der athletische, etwa 50 Jahre alte Man mit dem gepflegten grau melierten zu einem Pferdeschwanz gebundenen Haar. Wir sind überrascht und wissen zunächst gar nicht, wie wir reagieren sollen. Aber das wohlwollende Angebot des Mannes scheint ernst gemeint zu sein. Schnell wechseln wir die Straßenseite und klettern den steilen Hügel hinauf.

„Ich bin Xavier“, sagt der Mann und bietet mir gleichzeitig an, meinen Rucksack zu tragen, als er sieht, wie ich ins Schnaufen komme. An dieser Stelle macht Kerstin einen deutlich frischeren Eindruck, sodass Xavier durch sein Angebot nicht etwa seine Gentleman - Manieren vernachlässigt hat. Mir geht das allerdings zu weit und eindeutig gegen meine Pilgerehre. Noch nie habe ich mir meinen Rucksack tragen lassen!

Wir kommen ins Gespräch: Xavier ist Zahnarzt in einer Klinik und genießt am heutigen Freitag seinen dienstfreien Tag mit einem ausgedehnten Spaziergang. Er stammt ursprünglich aus Cartagena in Kolumbien, wo er auch studiert hat. Danach ging er nach Spanien.

„Und wie kommt es, dass Du gerade in dieser Gegend gelandet bist?“ frage ich ihn. „Ganz einfach, weil hier eine Stelle frei war“, sagt er. „Tudela ist eine hübsche, kleine und überschaubare Stadt, die verkehrstechnisch über die Bahn gut an die größeren Städte angebunden ist. Somit sah ich keine Veranlassung, hier wieder wegzuziehen. Heute Abend z. B. bin ich in mit der Renfe (span. Bahn) in gut eineinhalb Stunden in Barcelona, das über 320 Kilometer entfernt liegt.“

Ehrlich gesagt beneide ich den kolumbianischen Immigranten da ein wenig, denn unsere Erfahrungen zeigen, dass man sich in Spanien auf die Bahn verlassen kann. Ganz anders als in Bocholt, wo wir schon häufiger – auch auf dem Weg zu einem neuen Camino - zur Umplanung gezwungen waren, da die

Bahn uns kurzfristig im Stich gelassen hatte.

Auf dem Gipfel angelangt haben wir einen majestätischen Blick auf die im Jahre 802 von den Arabern gegründete Stadt herunter.

„Ihr müsst euch unbedingt die romanische Kathedrale mit der Puerta del Juicio (also der Darstellung des Jüngsten Gerichts mit dem Fegefeuer auf der einen Seite und dem Himmel auf der anderen Seite) anschauen. Sie wurde wie häufig in der Gegend an der Stelle gebaut, wo zuvor die Hauptmoschee stand“, erklärt Xavier.

Beim Abstieg erzähle ich ihm von meinen Erfahrungen in Mittelamerika: Von der Reise mit Kerstin nach Costa Rica vor sieben Jahren und meiner Famulatur in Guatemala 1981. Auch heute fällt mir wieder auf, dass die Kommunikation mit Menschen aus Mittel- oder Südamerika deutlich einfacher ist als mit der kastilisch sprechenden Bevölkerung - zum einen, was die Aussprache angeht und zum anderen, weil die Lateinamerikaner langsamer sprechen.

„Ja, ein Teil von Mittelamerika, nämlich Panama, gehörte einst auch zu Kolumbien“, erzählt Xavier etwas wehmütig. „Und warum heute nicht mehr?“ frage ich. „Weil die US Amerikaner uns das Land zum Bau des Panamakanals geklaut haben.“

Aus der Feder meines Kollegen Klaus, der zurzeit mit seiner Frau durch den Panamakanal schippert, liest es sich freilich etwas sachlicher: „Ja, die Amerikaner haben dafür gesorgt, dass Panama selbstständig wurde bzw. in ihren Einflussbereich kam. Erst dann konnte der Panama-Kanal fertiggestellt werden. Die Kolumbianer hatten das zuvor verweigert, man fürchtete zu viel Machtgewinn der USA. Seit 1977 gehört der Kanal tatsächlich Panama und die Amerikaner haben nur noch Vergünstigungen.“

Irgendwann kommt unser Gespräch beim Herunterlaufen in die Stadt auf Fußball. Das ist hier in Spanien immer ein Thema, weniger auf Länderebene, wo Spanien gerade bei der Euro und Kolumbien bei der Copa America eine gute Rolle spielen, sondern mehr auf Vereinsebene. Xavier ist Fan der Königlichen und bedauert es sehr, dass Toni Kroos, den er für den intelligentesten Spieler hält, der in den letzten Jahrzehnten für Real Madrid aufgelaufen ist, seine Karriere beendet.

„Aber jetzt habt Ihr doch den jungen Lamine Yamal", entgegne ich. „Schön wär´s", wendet der Südamerikaner ein, „Der spielt leider bei Barcelona."

Immerhin spricht er den Namen des großen Konkurrenten aus. Das würde vielen königsblauen Fans aus Gelsenkirchen nicht passieren bei der Erwähnung ihres Erzfeindes mit den gelb schwarzen Trikotfarben.

Unser gemeinsamer Spaziergang in die Stadt endet mitten im Zentrum auf der wunderschönen farbenfrohen Plaza de los Fueros mit dem Rathaus aus dem 16. Jahrhundert. Xavier ist in seinem Element: Hier eine schnelle Umarmung, dort ein kurzes Pläuschchen. Man kennt sich in der Gemeinde. Bevor wir uns von Xavier trennen, können wir uns bei ihm mit einem Bierchen in einem der vielen Terrassenlokale für die außergewöhnliche Einführung in unser heutiges Etappenziel bedanken.

Unser erster Gang führt uns ins Touristenbüro, das sich direkt gegenüber dem Lokal befindet, in dem wir sitzen. Der eigentliche Grund unserer Reise sind ja die „Bardenas Reales", die von Tudela ca. 25 Kilometer entfernt liegen. Natürlich wäre es möglich, dort hinzulaufen, aber dafür fehlt uns die Zeit, da wir uns auch innerhalb der Wüste über eine beträchtliche Strecke bewegen wollen. Mit öffentlichen Verkehrsmitteln ist die Gegend etwas kompliziert zu erreichen. Daher bleibt am ehesten die Verbindung mit dem Fahrrad.

Die freundliche Dame im Tourismusbüro zeigt uns auf der Karte den Standort eines

Fahrradgeschäftes, das direkt um die Ecke auf der Calle Misericordia liegt. Der Besitzer des Ladens ist bestens vertraut mit dem Ausleihen von Fahrrädern für Touren in die Bardenas Reales. Er sucht uns zwei geeignete E-Bikes aus, erklärt uns den Weg zur Wüste und gibt uns entsprechendes Kartenmaterial mit. Morgen früh um acht Uhr könnten wir die Räder abholen.

Mittlerweile ist es 15 Uhr und wir sollten kein Problem mehr haben, unser Zimmer in der gebuchten Hostal Pichorradicas zu beziehen. Die Lage ist genial, eine Straße hinter dem Plaza de los Fueros, wo wir mit Javier unser Ankommensbier getrunken haben. Schellen aber nutzt nichts, es öffnet keiner die Tür. Stattdessen lesen wir, dass wir Einlass über einen Code im Internet erhaltenen würden. Mein Gott, ist das kompliziert! Wie schön war das früher doch, wenn man in einer gebuchten Unterkunft mit freundlichen Worten empfangen wurde. Nach einer kurzen telefonischen Interaktion kriegen wir es schließlich hin. Bei allem Bedauern – ich befürchte, dass wir uns in Zukunft zunehmend nicht mehr mit echten Menschen beim Einchecken unterhalten werden, sondern der Trend zum Zwecke von Personalkostenersparnis eher in der nüchternen Version von Zahlencodes liegt. Das Preis/Leistungsverhältnis allerdings stimmt. Wir beziehen in absolut zentraler Lage ein hübsch eingerichtetes Zimmer zum Preis von 70 Euro.

Am späten Nachmittag treffen wir Raphael auf dem zentralen Platz. Er ist erneut in der Herberge untergekommen, die hier etwas außerhalb von Tudela liegt. Für Raphael ist es eine Selbstverständlichkeit, er ist ein bescheidener Mensch, der mit wenig Geld auskommen muss. In Laguardia, unserer Anfangsstation, an der es nur relativ teure Unterkünfte gab, ist er mit dem Bus in den nächsten Ort und von dort aus am nächsten Tag wieder zurück nach Laguardia gefahren, um auch wirklich jeden Meter des Pilgerweges zu laufen. Für ihn ist es eine Herzensangelegenheit im Einklang mit seiner Religion. Ich könnte ihn mir auch gut in einer Mönchskutte vorstellen.

Die Spezialität der Region heißt „Tomate feo“, die hässliche Tomate, mit vielen Beulen, aber mit einem außergewöhnlich intensiven Geschmack, die hier im Osten Navarras kultiviert wird. Diese und ein paar andere einheimische Spezialitäten bestellen wir uns beim Abschlussmal mit Raphael. Fast sind wir etwas wehmütig, dass wir ihn jetzt endgültig verlassen werden, wenn wir morgen mit den Rädern in die Wüste fahren und er von hieraus den Ignatiusweg fortsetzt. Und dann traue ich mich doch noch, ihn zu fragen, was mir schon lange auf der Zunge liegt: „Hast Du schon einmal darüber nachgedacht, ins Kloster zu gehen, Raphael?“ „Tatsächlich ist es ein Gedanke, mit dem ich mich schon häufiger beschäftigt habe, Thomas“, antwortet er. „Ich habe den Eindruck, dass ich mit jedem Pilgerweg dem Kloster ein Stück näher komme. Noch bin ich aber nicht so weit.“

Ich erzähle ihm die Geschichte von Federico aus Santiago de Chile, den ich vor drei Jahren auf dem Camino Primitivo kennengelernt habe und der sich dort beim Besuch eines Gottesdienstes im Monasterio de San Salvador de Cornellana der Berufung zum Mönch bewusst wurde.

Die Messe ruft und Raphael will aufbrechen. Er bittet den Ober um die Rechnung, was ich auf keinen Fall zulassen möchte. Eindringlich versichere ich ihm, dass wir ihn gerne einladen würden. Nach anfänglichem Widerstand willigt er schließlich ein. Wir umarmen und verabschieden uns. Dies sollte jedoch noch immer nicht die letzte Verabschiedungszeremonie sein. Nach zehn Minuten kommt Raphael zurück an unseren Tisch und überreicht Kerstin und mir jeweils eine Medaille der Mutter Gottes, die uns beschützen möge.

Kapitel 8 - Samstag, 13. Juli 2024

Ist das noch Mutter Erde?

Tudela - Zaragossa

Pünktlich stehen wir um 8.00 Uhr vor dem Fahrradgeschäft, um unsere vorbestellten Räder abzuholen. Unsere Rucksäcke müssen wir zum Glück nicht mitschleppen. Sie bleiben hier im Laden.

Eine Weile fahren wir auf einem Feldweg entlang des Ebros bis wir an eine größere Straße kommen. Die Interpretation unseres Kartenmaterials ist schwierig. Wir überqueren die Straße und sind schon bald in einer wüstenähnlichen Region, müssen uns jedoch schnell eingestehen, dass wir offensichtlich auf der falschen Fährte sind und besser rechts in Richtung Arguedas abgebogen wären.

Die Räder funktionieren bestens, somit ist der Frust zurückkehren zu müssen nicht so groß wie beim Laufen. Kurz vor der Ortschaft Arguedas

ist die Ausschilderung in Richtung Bardenas Reales eindeutig. Der steile Berg herauf kostet uns trotz E-Bikes einige Schweißtropfen. Zur Belohnung gibt es kurz vor der Einfahrt in die Wüste an einem Foodtruck noch einen Café con leche.

Tickets buchen müssen wir nicht, ohne größere Verzögerungen geht es rein in die Wüste, die auch mit Autos befahren werden darf. Vielleicht liegt es an der noch frühen Tageszeit, mit Zufriedenheit stellen wir jedenfalls fest, dass der Verkehr sehr moderat ist und die Wüste auf den ersten Blick nicht als touristischer Hotspot erscheint.

Was wir sehen, ist kaum zu beschreiben. Meine erste Assoziation sind die Canyons in den USA, aber nein – irgendwie sind die Bardenas doch anders. Der Marlboro Man wäre hier fehl am Platz. Sind wir überhaupt noch auf der Erde oder ist es ein anderer Planet? Der Mars kann es nicht sein. Bei allem, was man so mitbekommen hat, soll er rötlich sein. Die dominierende Farbe hier in den Bardenas ist beige, die Substanz lehmähnlich. Die karge Landschaft wird von Rinnsalen durchzogen, im Hintergrund Erhebungen, die an Tafelberge erinnern.

Wir lesen nach, dass Wind und Wasser das Sedimentgestein der Hügel geformt haben. Dieses Sedimentgestein wurde vor Millionen von Jahren von den Bächen und Flüssen aus den Pyrenäen hier abgelagert, da es noch keinen Abfluss zum Meer gab.

Der Castildetierra – so etwas wie das Wahrzeichen der Bardenas – ist ein heller Kegel, auf dessen Spitze wie ein Deckel eine Felsplatte liegt. Anders, als auf den Bildern im Internet wirkt er in der Realität eher kleiner. Trotzdem: der Castildetiera ist ein beliebtes Fotomotiv, auch wir können nicht

widerstehen (siehe vorne). In seinem nähren Umfeld gibt es größere Hügel, die man besteigen kann. Welch ein Spaß, oben angelangt, den Blick über die außergewöhnliche Landschaft schweifen zu lassen.

Ein paar Kilometer weiter entdecken wir ein großes Camper - Mobil. Drum herum Stative und Kameras. „Hola, que tal“ rufen wir den jungen Leuten zu. Ein „Hallo“ kommt zurück. Bei genauer Betrachtung des Fahrzeuges fällt uns das bayerische Kennzeichen auf.

„Was macht ihr hier?“, fragen wir.
„Wir drehen einen Werbefilm“, antwortet der kräftige Mann mit dem langen schwarzen Bart. „Und Ihr, wo kommt Ihr her?“, will er wissen.
„Aus Bocholt an der niederländischen Grenze. Kennst Du wahrscheinlich nicht“, fügen wir noch hinzu.
„Doch, kenne ich sehr gut“, erwidert der Typ, „Dort habe ich meine Lehre gemacht.“

In Gedenken an den größten Camino-Promoter der Welt, H. Kerkeling, ist die Erkenntnis des Tages: Nicht nur die Welt, auch das Universum ist klein. Selbst auf einem anderen Planeten ist unser beschauliches Städtchen in der Provinz bekannt!

Über drei Stunden durchqueren wir diese fantastische Wüste mit ihren bizarren felsigen Strukturen, bevor es nach einer kalorischen Stärkung in Arguedas wieder zurück nach Tudela geht. Insgesamt 80 Kilometer Fahrstrecke sind es geworden, als wir vereinbarungsgemäß um 17.00 Uhr die Fahrräder zurückbringen. Auch mit E-Bikes war es ein anstrengender Tag. Für uns gibt es überhaupt keine Zweifel: Die Bardenas Reales sind das absolute Highlight unserer Reise.

Mit dem Zug fahren wir in 45 Minuten die gut 80 Kilometer nach Saragossa, unserer letzten Station. Was wir aus dem Zugfenster heraus zu sehen bekommen, ist viel ödes Land.

Unser kleines Hotel liegt mitten in der City der mit 650.000 Einwohnern bei weitem größten Stadt des ehemaligen Königreiches Aragonien. Es trägt den ungewöhnlichen Namen „Sauce“. Wahrscheinlich hat der besondere Name beim Buchen meine Neugierde geweckt und ich habe es deshalb als Übernachtungsort für die kommenden zwei Tage gewählt.

Wie auch immer: Es scheint eine gute Wahl zu sein. Auch wenn die Rezeption winzig ist – hier gibt es noch persönlichen Kontakt und viele nützliche Tipps von den sprachlich versierten jungen Angestellten beim Empfang.

Auch um 21 Uhr ist es noch immer heiß in der Stadt. Selbst die gestern gemessenen 41 Grad sind nichts Außergewöhnliches in der aragonischen Metropole. Wir lassen uns treiben durch die mit Menschen gefüllten Gassen und bereuen es am Ende, dass wir die Spezialisten an der Rezeption nicht nach einem geeigneten Restaurant befragt haben. Wir lieben es, traditionelle lokale Gerichte zu probieren. Bei der sehr fettigen aragonischen Wurst und dem verkochten Gemüse auf der Terrasse eines Lokals ist qualitätsmäßig allerdings noch viel Luft nach oben.

Zumindest gehen wir nicht hungrig ins Bett!

Kapitel 9 - Sonntag, Montag 14./15. Juli 2024

Ein Pfeiler zum Beweis

Zaragossa

Beim Frühstück nach dem Sonnenaufgang in dem kleinen charmanten Hotel - Café können wir uns mit der Geschichte der Stadt vertraut machen.

Der Legende nach erschien die Jungfrau Maria 40 Jahre nach Christus dem Apostel Jakobus in Zaragossa. Jakobus war damals in die Gegend gekommen, um die heidnischen Stämme zum Glauben zu bekehren. Der Apostel ruhte sich am Ufer des Ebro aus und war aufgrund der ausbleibenden Erfolge sehr frustriert, als ihm auf einer Säule die Jungfrau Maria erschien. Sie ermutigte ihn, durchzuhalten und weiterzumachen. Zum Beweis ihres Erscheinens ließ sie den Pfeiler zurück und bat Jakobus an dieser Stelle eine Kapelle zu errichten.

Schon bei der Vorbereitung der Reise habe ich mich gefragt, woher dieser eigenartige Name „Nuestra Señora del Pilar“ herkommt. Jetzt weiß ich es.

Aus der kleinen Kapelle wurde im 12. Jahrhundert zunächst eine romanische Kirche, die im Laufe der Zeit gotische und – Mudejar - Stilelemente bekam, bevor sie 1518, also vier Jahre vor der Pilgereise des heiligen Ignatius, fertiggestellt wurde. Der riesige Platz auf dem sie steht, hat eine rechteckige Form und soll laut Taxifahrer der größte bebaute Platz

der Welt sein. Angemessene Kleidung beim Eintreten ist wie in allen Gotteshäusern gefordert. Viele rote Trikots der Furia Roja scheinen diesem Anspruch zu genügen. Am heutigen Tag ist es kein Wunder. Schließlich steht die spanische Nationalmannschaft im Endspiel der Europameisterschaft gegen England. Den überwiegenden Anteil der Trikots ziert der Name des gerade 17 Jahre alt gewordenen Lamine Yamal.

Von der nahgelegenen alten Steinbrücke über den Ebro haben wir einen besonders malerischen Ausblick auf die Kathedrale mit ihrem Pfeiler und die im Jahre 13 vor Christus als Colonia Caesaraugusta gegründete Stadt. Zum berühmten Alfjaferia Palast sind es zwei, drei Kilometer Fußmarsch. Wir bereuen ihn nicht. Der maurische Palast mit seinen kleinsten Verzierungen ist äußerst beeindruckend. Wir lernen einiges über die wechselvolle Geschichte Aragoniens, das man schnell wieder vergisst. Was hängenbleibt ist die Erwähnung, dass unter König Ferdinand Mallorca und große Teile von Italien, wie Sizilien und meine Studienstadt Bologna zu Aragonien gehörten.

Noch etwas Besonderes erfahren wir: Die heutigen Abgeordneten der aragonischen Regierung, deren Fotos im unteren Teil ausgestellt sind, dürfen sich freuen, dass das Parlament in diesen wunderschönen historischen Gemäuern tagt.
Die Hitze fordert ihren Tribut. Unter den Arkaden vor dem Palast wollen wir unseren Flüssigkeitshaushalt auffüllen, finden aber keinen freien Platz. Ein

dunkelhäutiger Mann mittleren Alters mit einer Mocca Tasse in der Hand winkt uns an seinen Tisch. Wir kommen schnell ins Gespräch. Der Marokkaner ist vor 14 Jahren aus seiner Heimat auf der Suche nach Arbeit in Zaragossa angekommen. Diese hat er im Straßenbau gefunden. Mittlerweile wohnt er mit seiner Frau und den drei Kindern hier, gelegentlich fährt er noch zu Besuch in seine Heimat. Was wir bei der netten Plauderei heraushören können, ist, dass er sich hier in der Region gut integriert und kulturell akzeptiert fühlt.

Abends lassen wir uns an der Rezeption beraten, wo wir gut essen gehen können. Die Empfehlung in der Altstadt (El Meli del Tubo) ist Gold wert: Kunstvoll angefertigte Tapas auf geschmacklich höchstem Niveau in einem sehr kultigen, modernen Ambiente lassen die Notmahlzeit von gestern schnell in Vergessenheit geraten. Kerstin fragt mich, ob ich mal in Erfahrung bringen könne, wie das Getränk der älteren Damen am Nachbartisch heißt. Kein Problem, ich frage sie einfach: „Tinto de verano", Rotwein auf Eis mit Zitronenlimo. Meine Liebste ist entzückt. Ich bleibe bei Cerveza.

An unseren Stehtisch gesellt sich ein Pärchen unseres Alters bei dem sich schnell herausstellt, dass es aus England ist. Stolz zeigt der Mann mir auf seinem Handy einen offenen Austin Martin, den er - eigens zum Zwecke der Reise - von der Insel nach Salamanca hat verschiffen lassen. Dann plötzlich schaut er auf die Uhr und scheint nervös zu werden. „Es wird Zeit. Wir müssen los in den irischen Pub dort drüben", sagt er aufgeregt. Die Hoffnung stirbt zuletzt. Unsere Gesprächspartner träumen vom Gewinnen. Am Ende siegt wieder Spanien. Für die Engländer bleibt der WM Titel von 1966 einzigartig.

Kapitel 10 - 16. Juli 2024

Bilanz

Zaragossa - Gerona - Bocholt

Pünktlich, wie wir es in Spanien gewohnt sind, fährt unser Zug um kurz nach acht in Richtung Barcelona. Menschenleere Steppen überwiegen beim Blick aus dem Fenster. Sie nennen sich Los Monegros. Der Name stammt von den „Montes Negros", den schwarzen Bergen, die durch den dunklen Stamm und die dunklen Blätter des Wacholderbusches ihre typische Farbe bekommen.

Unser Reiseführer schreibt über die 30 Kilometer lange Etappe von Fuentes de Ebro nach Venta de Santa Lucia: „Mit Optimismus beginnen wir diese Etappe, die vielleicht die gefürchtetste des gesamten Ignatiusweges ist. Aber mit dem frohen Geist eines Pilgers, der Einfachheit und Einsamkeit sucht, schaffen wir auch diesen Abschnitt. ...Hier gibt es kaum Bäume noch Büsche, die uns Schatten spenden könnten. Im Sommer kann das Thermometer bis auf 40 Grad ansteigen und Wasserquellen suchen wir hier umsonst. An unserem Etappenziel gibt es keine Übernachtungsmöglichkeit. Es bleibt uns nichts anderes übrig, als unter freiem Himmel ein Plätzchen zu suchen und in aller Ruhe zu beobachten, wie der Mond aufgeht."

Es scheint, als hätte die größte Herausforderung noch auf uns gewartet, wären wir den Weg von Tudela weitergelaufen.

Von Barcelona setzen wir die Fahrt mit einem Bummelzug fort nach Gerona. Zeit für weitere Besichtigungen bleibt uns nicht. Lediglich ein flüchtiger Blick von der Brücke über den Fluss Onyar in die Altstadt von Gerona ist uns zeitlich gestattet, bevor es mit dem Flieger zurück in Richtung Bocholt geht.

Was bleibt als Resümee dieser Pilgerreise in die Wüste?

Die Lust am Laufen in der Natur, Reflektion und problemloses Abschalten vom Alltag, das Eintauchen in eine andere Kultur und völlig fremde Region, das angenehme Gefühl der Erschöpfung nach einer 25 Kilometer langen Wanderung und die Gewissheit, sich bei der Ankunft nicht nur den Schaum des bewährten Durstlöschers verdient zu haben – das alles haben wir, wie bei unseren zuvor gelaufenen Jakobswegen in Spanien und Portugal, auch auf dem Camino Ignatiano gefunden.

Das Spezielle an Pilgerreisen auf der iberischen Halbinsel sind die Begegnungen mit anderen Pilgern. Auf dem Ignatiusweg haben wir Raphael getroffen – das war´s. Die Etappen ab Logroño waren eher einsam. Manchmal aber ist auch eine einzige intensive Begegnung eine große Bereicherung. Mit Raphael haben wir einen ganz besonderen Menschen kennengelernt.

Der Weg selbst war ab Logroño eher eintönig, nicht vergleichbar etwa mit dem Portugiesischen Jakobsweg oder dem Camino del Norte. Dennoch kann ich auch jetzt bestätigen, was ich 2021 bei der Rückkehr vom Caminho Portugues geschrieben habe: „Wenn ich auch dieses Mal wieder nur eine Woche unterwegs war – nach dem Jakobsweg fühle ich mich fitter und jünger. Der Camino ist wie eine Frischzellenkur, eine Runderneuerung. Er macht mich zuversichtlich für die kommenden Aufgaben.“

Abschalten und sich auf die Basics im Leben konzentrieren, das ist auch dieses Mal wieder auf fast zauberhafte Weise gelungen. Bei aller Bitternis und globaler Katastrophenlage möchte ich ein heiterer Mensch bleiben, ich möchte es mit dem Münchner Schriftsteller Axel Hacke, der etwa in meinem Alter ist, halten:

„Ein heiterer Mensch zu sein, bedeutet nicht, das Schwere zu ignorieren, sondern in etwas Leichtes zu verwandeln."

Der Camino kann dabei helfen!

Das absolute Highlight dieser Reise aber hat nichts mit Jakobswegen zu tun. Das war eine Wüste, von der ich kaum glauben konnte, dass es sie so in Europa gibt. Die Bardenas Reales haben mehr gehalten, als das, was sie von den Bildern im Internet her versprochen haben. So lange schon hatte ich sie auf der Agenda. Ein Traum ist wahr geworden!

Bin ich Ihnen noch etwas schuldig, verehrte Leserinnen und Leser? Ich denke ja - es ist die Aufklärung der eingangs erwähnten Frage: Woher kamen mir die Bardenas reales bekannt vor, als ich sie zum ersten Mal auf einem Foto im Internet gesehen habe?

Direkt nach unserer Rückkehr suchte ich in unserer Videosammlung einen bestimmten Film. Der Titel des Films: „Ich bin dann mal weg". Gleich im Vorspann - später auch mitten im Film - wird es deutlich: Hape Kerkeling, der „Gauner", hat das Epos über seine Pilgerreise - zumindest teilweise - 100 Kilometer östlich vom Camino Francés in die Bardenas Reales verlegt.

Adressen:

Hotel Restaurante Marixa
Sancho Abarca 8
Laguardia (Álava) 945600165

Hostal Villa De Navarrete
Calle la Cruz 2
26370 Navarrete

Casa Azul de Ramon Y la Asun
Calle Traseras des Pilares, 29,
26509 Alcanadre La Rioja

Las Brasas de Barco
Restaurant Bar
Alcanadre, La Rioja
Tel. 0034631295390

Parador de Calahora
Paza del Mercadal
26500 Calahorra, La Rioja

Hotel Palacios, Alfaro, La Rioja
Avenida de Zaragoza 6,
26540 Alfaro, La Rioja

Hostal Pichorradicas
Cortadores 11,
31500 Tudela

Chiquibike Renting Bardenas
Calle Misericordia 1
31500 Tudela

Hotel Sauce
Calle de Espoz y Mina,33,
Casco Antiguo
50003 Zaragoza

Meli del Tubo
Calle de la Liberdad,12,
Casco Antiguo
50003 Zaragoza

Weitere veröffentlichte Bücher in der Reihe 'Camino Splitter':

Buch 1

2009 erschien das Buch über den Camino Francés unter dem Titel: „Von León nach Santiago“ - Begegnungen auf dem Camino Francés.
ISBN 978-3-8391-3740-6

Buch 2

2012 erschien
„Von Porto nach Santiago“ - Mit Totti auf dem Portugiesischen Jakobsweg.
ISBN 978-3-8482-3049-5

Buch 3

2014 erschien
„Von Cáceres nach Salamanca“ - Begenung mit einem Engel auf der Vía de la Plata.
ISBN 978-3-7347-6892-7

Buch 4

2015 erschien
„Von Calzada de Béjar nach Puebla de Sanabria“ - Mit Cro auf der Vía de la Plata.
ISBN 978-3-7392-4252-1

Buch 5

2016 erschien
„Von Puebla de Sanabria nach Santiago“ - Noch ein Engel auf der Vía de la Plata.
ISBN 978-3-7431-7714-7

Buch 6

2017 erschien
„Von Ferrol nach Santiago“ - Hermanos auf dem Camino Inglés
ISBN 978-3-7481-3078-9

Buch 7

2018 erschien
„Von Hondarribia nach Bilbao“ - Auf dem Camino del Norte durch das Baskenland.
ISBN 978-3-7481-1743-8

Buch 8

2021 erschien
„Von Porto nach Vigo“ - Auf dem Camino Portugues da Costa. Ein Experiment (Teil 1)
ISBN 978-3-7526-4456-2

Buch 9

2021 erschien

„Von Vigo nach Santiago“-Auf dem portugiesischen Jakobsweg entlang der spirituellen Variante. Ein Experiment (Teil 2)

ISBN 978-3-7557-3881-7

Buch 10

2022 erschien

„Porto Vigo Santiago“- Auf dem portugiesischen Jakobsweg entlang der spirituellen Variante. Sammelband (Teil 1+2)

ISBN 978-3-7557-5881-5

Buch 11

2022 erschien

„Von Oviedo nach A Fonsagrada“- Über den Camino Primitivo durch Asturien

ISBN 978-3-7562-3021-1

Buch 12

2024 erschien

„Oviedo-A Fonsagrada-Santiago“- Auf dem Camino Primitivo durch Asturien und Galicien

ISBN 978-3-7583-1291-5

Sonderausgabe

2018 erschien unter dem Titel "Santiago ruft" auf 236 Seiten ein textlicher Sammelband der Ausgaben 1 bis 6.

ISBN 978-3-7460-9158-7

Der Autor

Dr. med. Thomas Schmidt

Thomas Schmidt, aufgewachsen in Herne, lebt in Bocholt, an der niederländischen Grenze, wo er seit 1993 als Kinder- und Jugendarzt niedergelassen ist.

Camino Ignatiano - ein besonderer Weg

Das Ziel war die Halbwüste Bardenas Reales im östlichen Navarra. Doch wie erreiche ich dieses Ziel über einen Pilgerweg? Der erst vor dreizehn Jahren erschlossene 676 km lange Camino Ignatiano beginnt im baskischen Loyola, dem Geburtsort des Heiligen Ignatius, und endet im katalanischen Manresa. Zwar streift er kurz den Camino Francés, jenseits von Logroño jedoch verläuft er überwiegend durch einsame, touristisch weitgehend unbekannte, aber geschichtlich faszinierende Landschaften. Wie sich später herausstellt gibt es noch einen weiteren - überraschenden - Berührungspunkt mit dem Camino Francés....

"Im Grunde sind es immer die Verbindungen mit Menschen,

die dem Leben seinen Wert geben"

- Wilhelm von Humboldt -

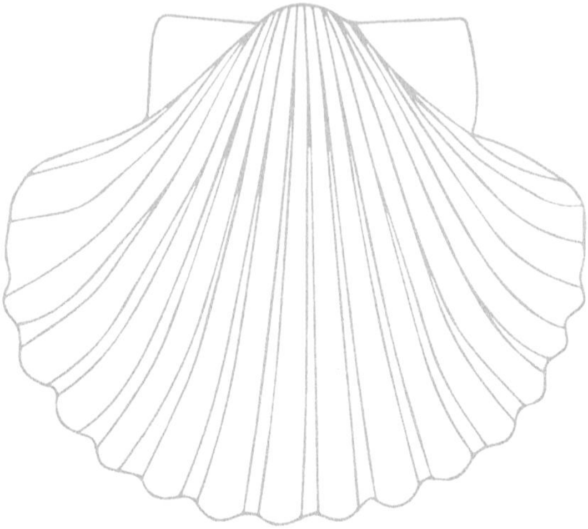